孩子超喜欢的中国历史

上古夏商周篇

南州 编著

石油工业出版社

图书在版编目（CIP）数据

孩子超喜欢的中国历史. 上古夏商周篇 / 南州编著. —北京：石油工业出版社，2023.12
　　ISBN 978-7-5183-6195-3

Ⅰ. ①孩… Ⅱ. ①南… Ⅲ. ①中国历史—上古史—儿童读物②中国历史—三代时期—儿童读物 Ⅳ. ①K209

中国国家版本馆 CIP 数据核字（2023）第 146945 号

孩子超喜欢的中国历史　上古夏商周篇
南州　编著

出版发行：石油工业出版社
　　　　　（北京市朝阳区安华里二区 1 号楼　100011）
网　　址：www.petropub.com
编 辑 部：（010）64523689
图书营销中心：（010）64523633
经　　销：全国新华书店
印　　刷：三河市祥达印刷包装有限公司

2023 年 12 月第 1 版　　2023 年 12 月第 1 次印刷
710 毫米 ×1000 毫米　　开本：1/16　印张：8
字数：100 千字

定价：38.00 元

（如发现印装质量问题，我社图书营销中心负责调换）
版权所有，侵权必究

前言

历史是一面镜子，也是一本深刻的教科书，它照亮现实，照亮未来。在编辑"孩子超喜欢的中国历史"系列图书的过程中，我们从家长注重知识吸收、孩子注重阅读享受这两方面入手，力求还原每个历史时期的鲜明特点，使文字叙述符合孩子的兴趣与认知习惯，助力孩子轻松了解中国历史，帮助孩子培养对历史的兴趣。

孩子为什么要读历史？读历史对孩子有哪些好处呢？

首先，读历史可以让孩子性格更加温和。孩子读历史，可以明白什么是礼仪、什么是修养，从历代的名人故事中体悟做人做事的道理。

其次，读历史可以让孩子开阔眼界，更加聪慧。历史里有兵法、政治、经济、文化、地理、礼制、宗教、律法、民俗、科技等，孩子想增加知识、增长见识，历史是最丰富的资料来源。另外，能被历史记录下来的，往往是大人物和大事件，这里面蕴含着大格局、大智慧。孩子读历史，在长期耳濡目染之下，"心智"自然就提升了。

最后，读历史可以让孩子快速提高学习成绩。读历史，不仅是在看历史故事，还能锻炼孩子的阅读能力、思考能力，经常读历史的孩子，在阅读速度和理解能力方面都有很大优势。

"孩子超喜欢的中国历史"系列图书共六册，本册"上古夏商周篇"选取了在这段历史时期各朝代的兴盛与衰败过程中，产生重大影响的人物和事件，便于孩子快速了解这一时期的历史。

在中国，"上古"一般指夏朝以前的历史时期。这个时期充斥着各种神话，如盘古开天地、女娲造人等，也有黄帝、炎帝、蚩尤三族的融合，更有尧、舜、禹三位上古部落联盟首领禅位的佳话。上古时期是华夏文明的先声。

华夏文明开始于夏朝，夏朝（约前2070—约前1600年），是中国史书中记载的第一个世袭制朝代。商朝（约前1600—前1046年）也称殷商，是中国第一个有直接的同时期的文字记载的王朝。周朝（前1046—前256年）是中国历史上继商朝之后的第三个王朝。周朝分为西周（前1046—前771年）和东周（前770—前256年）两个时期。东周与春秋时代（前770—前476年）和战国时代（前475—前221年）大致重合。

上古夏商周，为华夏文明的持续发展奠定了良好基础。这一时期，中华文明经历了从部落社会到国家社会的演变。

历史是一条时间长河，通过历史，孩子不再局限于眼前的一花一木，而会把自己置身于更高的地方看世界，懂得社会的发展规律。"孩子超喜欢的中国历史"系列用通俗易懂的语言、富有底蕴的故事、呆萌可爱的全彩插画，给孩子营造轻松快乐的阅读气氛，让家长和孩子在不知不觉中通晓历史，感悟成长！

目录

开天辟地的创世神……001

创世造物的始母神……005

轩辕黄帝不负重托……008

勤政爱民好君王……012

新一代的领袖大禹……015

搬到没有洪水的地方去……019

殷商王朝落下大幕……022

两兄弟饿死在首阳山……025

掏心掏肺辅佐成王……028

赔了夫人又送了性命……032

郑庄公的那点儿小心思……036

周郑温情不复存在……040

一个庶子的叛乱之路 …………… 044

想称霸，先强国 ………………… 048

尊王攘夷，号令天下 …………… 052

寒食节背后的故事 ……………… 056

奠定秦国后世之基 ……………… 060

从"废物"到一代霸主 ………… 064

伍子胥因忠而死 ………………… 067

飞鸟尽，良弓藏 ………………… 071

千古奇谋成就齐国 ……………… 074

伤屈原最深的昏君 ……………… 078

冯谖是个战略家 ………………… 081

田单的绝地反击 ………………… 085

一代雄主活活饿死 ……………… 089

蔺相如让秦王颜面扫地 ………… 093

让匈奴颤抖的传奇将军 ………… 097

一代名将客死他乡 ……………… 101

信陵君救赵国于危难 …………… 105

要战胜秦军难比登天 …………… 109

楚国人李斯的选择 ……………… 113

留名后世的刺客 ………………… 117

开天辟地的创世神

在遥远的远古时代，天地还没有形成，整个宇宙还是一团混混沌沌的气，既不分上下左右，也不分东南西北，就像是一个浑圆的大鸡蛋。这个"大鸡蛋"里没有天地，没有日月星辰，没有鸟兽鸣虫，只有无穷无尽的黑暗，但这团混沌的黑暗却孕育了人类的始祖——盘古。

盘古在这只"大鸡蛋"里孕育了一万八千年，终于长大成人。他一睁开眼，发现自己蜷缩在一片混沌的黑暗里，浑身像被绳子束缚住一样很难受，又看不见一丝光明，心里憋屈得难受，就想要舒展一下筋骨。

结果，盘古一伸胳膊，一蹬腿，"大鸡蛋"就被撑破了，身体果然舒展了，但他睁大眼睛一看，上下左右，四面八方，依然是漆黑一团、混沌难分。盘古急了，抡起拳头就砸，抬起脚就踢。盘古的四肢又粗又大，像铁打的一样。但他这一拳头砸下去，一脚踢下去，混沌黑暗仍旧没有改变。盘古拿起一把巨斧，一下子将这混沌黑暗劈成了两半。混沌中轻而清的一部分（阳）便飘动起来，冉冉上升，变成了蓝天；而混沌中重而浊的一部分（阴）则渐渐沉降，变成了大地。

为了不让天地再混合到一起，盘古就用双手托着天往上抬，双

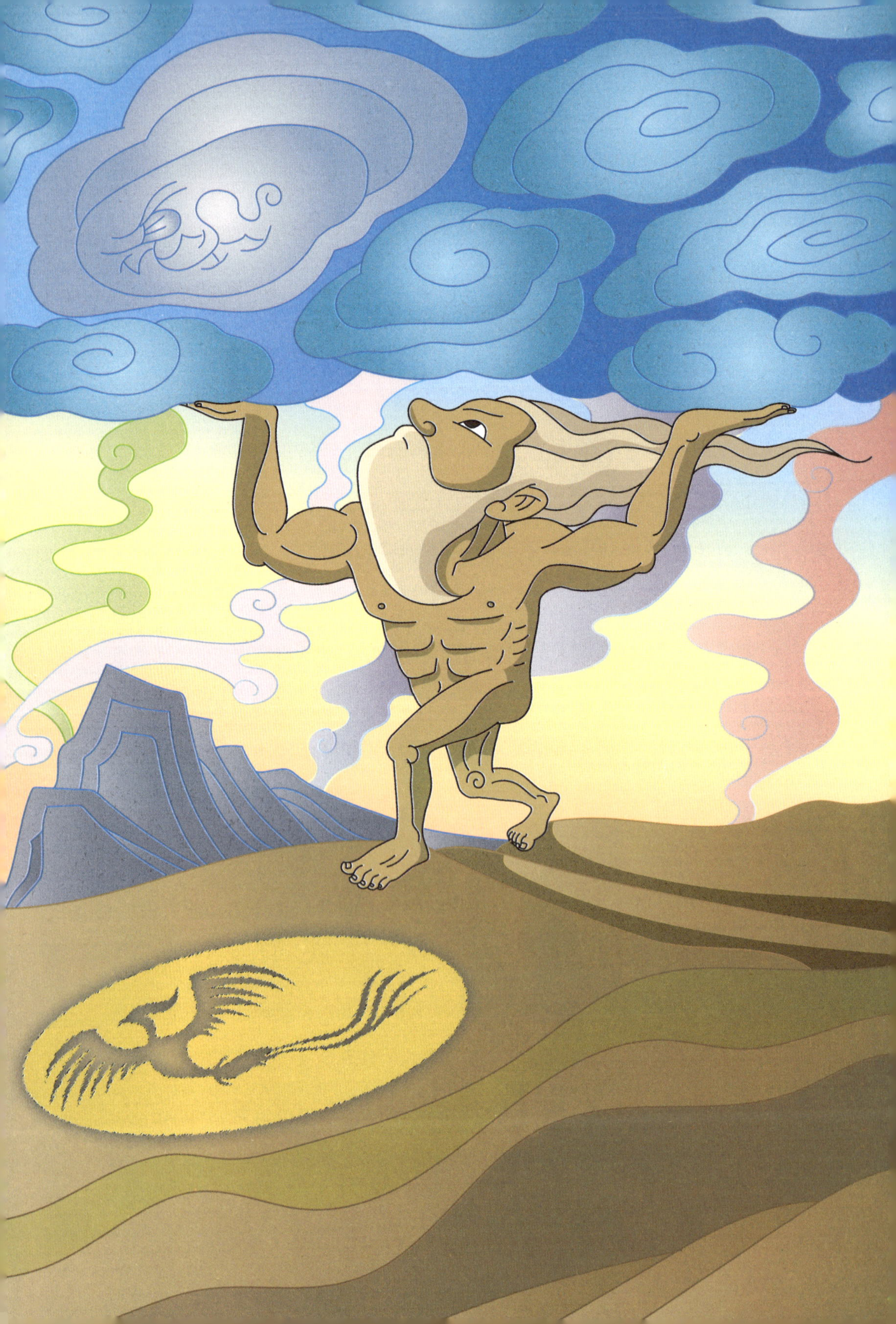

脚站在地上往下踩，于是天每天都升高一丈，地每天也加厚一丈，而盘古的身体也跟着长高。因为天地都是盘古开辟的，所以天地也随着盘古的喜怒哀乐、一举一动而发生种种变化：盘古高兴的时候，天就是晴朗的；盘古发怒的时候，天就是阴沉的；盘古哭泣的时候，他流的眼泪就变成了倾盆大雨，落到地上汇成了江河湖海；盘古呼吸的时候，嘴里喷出的气形成阵阵狂风，吹得地上飞沙走石；盘古一眨眼，天空就出现一道闪电；盘古睡觉时的呼噜声，就变成了天空中的阵阵雷鸣。

就这样过了一万八千年，天终于变得很高很高，地终于变得很厚很厚，盘古再也不用担心天地会混合在一起了，但他也因为长时间支撑着天地而疲惫不堪，想要好好休息一下，于是他头朝东脚朝西地躺在地上，就这样睡去了，再也没有醒来。

盘古死后，他高高隆起的头变作了气势雄伟的东岳泰山，他朝天竖立的两排脚趾变作了群峰壁立的西岳华山，他高挺的肚子变作了风景秀丽的中岳嵩山，他的左臂变作了层峦叠嶂的南岳衡山，他的右臂变作了气象万千的北岳恒山，由此确定了四方形大地的四个角和中心。它们像巨大的石柱一样耸立在大地上，各自支撑着天的一角。

盘古的左眼变作了天上又圆又大又明亮的太阳，在每个白天为大地送来温暖；他的右眼则变作了明亮的月亮，在每个夜晚为大地照明；他的头发和眉毛，变作了天上的星星，点缀夜晚的天空；他嘴里呼出来的气，变成了春风、云雾，使得万物生长；他的声音变作了雷霆闪电；他的肌肉变作了大地的土壤，筋脉变成了道路；他的骨头牙齿变作了埋藏在地下的金银铜铁、玉石宝藏；他的血液变作了地上滚滚的江河；他的汗水变作了雨露；他的汗毛变作了花草树木；他的精灵魂魄变成了人类。

盘古把自己的一切都献给了天地，世界因此变得丰富多彩，盘古也成为了最伟大的神。

知识库

中国五大名山：泰山、华山、嵩山、衡山、恒山，又称"五岳"，是古代民间山神崇敬、五行观念和帝王巡猎封禅相结合的产物，后为道教所继承，被视为道教名山。其中东岳泰山位于山东泰安、西岳华山位于陕西华阴、中岳嵩山位于河南登封，南岳衡山位于湖南衡阳、北岳恒山位于山西浑源。

创世造物的始母神

盘古开天辟地以后,天地间出现了一位神通广大的女神,名叫女娲。据说她是由盘古的心脏化生而成的。

这一天,女娲像平时一样在天地间散步,她在这里走走,又到那里看看。虽然天地间有美丽的山岳河流,绿草如茵,但她还是觉得少了些什么。忽然,她想到了那个可以用来形容此时心情的词语——孤独。她觉得应该在天地间添点什么,让世间朝气蓬勃起来。她一边走,一边想:到底应该添点什么呢?

走着走着,女娲有些渴,就到溪边喝水。当看到水中自己的倒影时,她才恍然大悟:"对啊,大地这么广阔,应该有许多跟我一样的生命才对,那样多有意思啊!"于是,女娲从溪边掘起一团土,掺些溪水,照着自己的模样,捏出一个可爱漂亮的泥娃娃。

女娲把泥娃娃放在地上,没想到它一落地就活蹦乱跳了。泥娃娃不仅会走,还能言善语,不停地叫她"妈妈"。女娲开心极了,把这个新创造的生命叫作"人"。人的身体虽然小,但因为是神创造出来的,所以明显和鸟兽不同,人具有一种统领天下的气概。

女娲非常满意自己的作品,决定造出更多的人,让世间充满欢乐。

于是，她继续用溪水和着黄泥，不分昼夜地捏啊捏啊，捏出许许多多的泥娃娃。泥娃娃落地后，就变成了人，他们欢天喜地喊女娲"妈妈"，向她鞠躬行礼，然后欢快地到处走啊，跑啊，去感受新鲜的环境和事物。

　　大地实在太辽阔了，那些人很快就跑远不见了踪迹。原本还被很多小人儿簇拥的女娲此时又孤孤单单了，这让她不禁有些犯愁，怎样才能立刻让大地上到处都是人呢？突然，她灵机一动，想出一个好办法。她得用简单的办法，创造出更多的人来。

于是，她采来很多野草，将它们搓成草绳，再用黄土和溪水制成泥浆，之后把草绳蘸满泥浆，然后用力向大地甩去——只见数不尽的泥点落在大地上，立即变成一个个小小的人，真是太神奇啦！女娲高兴极了，这个方法果然简单很多。她不停地甩啊甩啊，终于，天地之间到处是活蹦乱跳的人，她可以停下休息了。

可是，过了一段时间，女娲发现人在一天天减少。原来，人在世上生活一段时间后，会变老死去，所以越来越少。为了解决这个问题，女娲便把人分成男和女，让男人和女人相互结合，在一起生儿育女，传宗接代，使人类一代代繁衍下去。

为了感谢女娲创造人类，建立婚姻制度，人们为她修筑了许多神庙。在每年的阳春三月，人们聚集到神庙附近，举行各种纪念盛会，赞颂女娲的神奇和伟大。

知识库

女娲：女娲不但是抟土造人的女神，还是补天救世的英雄，也是一个创造万物的自然之神，传说她每天至少能创造出七十种东西，她开世造物因此被称为大地之母，是被民间广泛而又长久崇拜的创世神和始母神。

轩辕黄帝不负重托

传说黄帝的父亲是有熊部落的首领少典,母亲是附宝。据说附宝怀孕后,四肢无力,整天无精打采的,这种情况一直持续了七八个月。看到这种情况,少典很是着急。这时,少典的一个手下出了一个主意,他对少典说,现在才是初夏,以后天气会越来越热,恐怕附宝的身体会越来越吃不消。不过在一个叫作轩辕(今河南新郑,一说山东曲阜)的地方有一座寿丘山,山的四周有很多树木,还有潺潺的流水,夏季十分凉爽。

少典听了,非常高兴,于是带着部落离开了燥热的有熊,来到了凉爽的寿丘山。后来,附宝贪恋轩辕这个地方的美景,不愿意再回到有熊,于是在这里住了十五六个月。说来也奇怪,一般妇人都是怀胎十月就能生下孩子,可是附宝肚子里的孩子却迟迟不肯出来。

二十四个月过去了,附宝终于生下了一个男孩子。这个男孩子长得有点儿奇怪,他的肤色淡黄,额头中间突起,远远望过去,就像头上长了一轮光芒四射的太阳。刚一出生,他就四处张望,好像在观察周围的环境。少典夫妇把孩子的出生地作为他的名字，取名为轩辕。少典非常喜爱这个奇异的孩子，他料定轩辕将来必然大有作为，于是就派人精心照料。

一出生就显示自己与众不同的轩辕果然不负众望。刚出生不久，他就开始说话，七八岁的时候就能像大人一样说话办事，是远近闻名的神童。长大之后，他更是才思敏捷，而且勤奋好学，诚实重信。到二十多岁时，轩辕已经是一个见识广博、明辨是非的"准部落首领"了。

后来，少典把自己的位置传给了轩辕，轩辕所处的时代，神农氏也就是炎帝的势力开始衰弱，各个部落之间为了争夺粮食和财物，三天一小战，五天一大战，天下百姓饱受战乱之苦。不过，有熊部

落的人就幸福多了，因为在有熊部落，轩辕没有带领百姓对外侵略，相反他还用自己的德行教化百姓，同时操练军队保护自己，甚至军队中还加入了一些野兽来作战。

看到天下大乱，老百姓流离失所，苦不堪言，炎帝虽然也很着急，但是依靠现有的势力他已经不能控制各地的部落首领了，于是炎帝就向轩辕求助。轩辕答应了炎帝的请求，开始征讨各路作乱的军队。轩辕屡战屡胜，最后那些战败的部落都归顺了轩辕，年年向轩辕纳贡，天下又恢复了往日的平静。

轩辕成了首领之后，"前任首领"炎帝的心里很不是滋味，因为论德行，他并不比轩辕差，只是他不忍心天下百姓处于战乱之中才请轩辕出手相助，没想到竟然连首领之位也被夺走了。炎帝并不甘心就这样把自己统领天下的权力拱手相让，所以一直想把已经归附轩辕的首领们打败，重新夺回掌管天下的权力。轩辕也意识到炎帝蠢蠢欲动，他觉得如果不能收服炎帝，天下就没有真正的和平。

于是，轩辕一方面进一步施行仁政，让百姓安居乐业，另一方面加紧整顿军队，增强军队作战能力。时机成熟后，轩辕便率领军队在阪泉的郊野与炎帝展开了激战。三战过后，炎帝大败，轩辕如愿征服了炎帝。此后，炎帝部落与轩辕部落合并成"华夏族"，占据了中原地区，在黄河中下游两岸的广阔土地上逐渐创造发展起伟大的华夏文明。这就是我们中华民族的开端。

另一个不服轩辕统治的人是蚩尤，他是九黎部落的首领，为人非常残暴，但是能征善战，当时大多数部落都不是他的对手。他认为自己实力非凡，凭什么要屈服于轩辕的领导？所以他不停地兴兵作乱。后来，他下定决心要与轩辕决一雌雄。于是轩辕命令各地的部落首领率领军队赶到涿鹿（今河北涿鹿）的郊野会合，轩辕和蚩尤双方都集结了自己所有的兵力来进行这一次殊死搏斗。最终轩辕杀了蚩尤。

这次战役以后，天下的首领都尊轩辕为盟主，轩辕开始统治天下。轩辕也不负天下人的重托，任用了一大批德行兼备、能力强的手下，他带领着这些大臣走遍天下为百姓排忧解难。轩辕的政策英明仁慈，在他统治天下的多年中，大多是风调雨顺，天下太平。当时的人们都认为轩辕是神仙下凡来拯救他们的，只有万物赖以生存的黄土地才能够表达出他们对轩辕的敬仰之情，于是人们都尊称他为"黄帝"。

知识库

有熊：对这一称号，学者有不同理解。有人认为"有熊"是上古部落名，也有人认为，"有熊"是古地名，是黄帝的都城所在，即后来的"新郑"。由于黄帝在这里定都，"有熊"又由地名演变成了姓氏。

勤政爱民好君王

尧的父亲是黄帝曾孙帝喾，帝喾死后，长子挚继承帝位。挚继位后，由于没有做出什么政绩，于是禅位给弟弟尧。尧继位后，勤政爱民，深得人们爱戴。

尧在位几十年后，自觉年事已高，就想找个人来接班。分管四方的诸侯羲仲、羲叔、和仲、和叔向尧推举了舜。舜的先祖虽然是黄帝的儿子昌意，但到他父亲这一辈，早已成了平民。

尧听到四人说出舜的名字，沉思片刻后说："他这个人怎么样？"

四岳回答说："他是个盲人的儿子。他的父亲愚蠢不明事理，后母顽固浅薄，弟弟傲慢无礼，然而舜却能与他们和睦相处，把家治理得井井有条，让他们不至于成为恶人。"

尧说："那我就试试他吧。听说他三十岁了还没有娶妻，我就把两个女儿嫁给他，好好考察他的德行。"

尧把两个女儿娥皇、女英嫁给舜，以考察他在家的德行，同时让九个儿子和他共处，以观察他在外面的为人。

经过一番考察，尧很欣慰，认为以舜的德行与才能值得自己把天下交给他，于是尧对舜说："舜啊，你办事能力很强，说出的话都能做到。从你为公家办事起已经过去三年了，现在该是你继承帝位的时候了。"

舜推让说:"我的德行还远远不够,没有资格接受帝位。"

尧执意要把帝位传给舜,便于正月初一祭告祖庙,让舜代行天子之职,掌管天下,然后让他到四方去巡视。

尧认为自己的儿子丹朱不配继承帝位,他曾对四方诸侯说:把帝位让给舜,不利的只有丹朱一人,而天下人都能得到好处;把帝位传给丹朱,得到利益的只有丹朱一人,而天下人都会遭殃。尧告诉诸侯们,他不能只让一人得利而使天下人受害。

舜确实是一个可托之人，代行天子之职八年，他一直勤于政事，从不敢有所懈怠。就在这时，尧逝世，天下百姓无不悲伤哀痛，就像死了生身父母一般。在为尧守丧的三年内，整个天下没有一个人寻欢作乐。

舜从没想过自己会成为一代帝王，因此在为尧服丧三年后，他并没有坐上天下共主的宝座，而是躲到了南河的南岸。

他这么做，是想把帝位让给尧的儿子丹朱。可是四方诸侯不管是朝觐还是解决问题，找的都是舜而不是丹朱，百姓们歌颂的也是舜的德行而不是丹朱。看来这一切都是上天的旨意啊，天意不可违，舜于是正式登上天子之位，这就是舜帝。

舜成为帝王后，召集四岳，对他们说，自己想要光大尧的事业，让他们推荐天下贤能之人辅佐自己。在四岳的推举下，舜任命禹为司空，负责治理水患，让弃负责农业，教百姓播种百谷，契担任司徒，施行教育。

舜继承尧的帝位三十九年后，在巡视南方的途中逝世。

知识库

丹朱：尧的嫡长子，据说姓伊祁，名源明，字监明，号丹朱。因封于刘国（今河北唐县），以国为氏，称刘氏。死后葬于今河南省范县辛庄乡丹朱村。

新一代的领袖大禹

尧帝时期，大地上洪水泛滥，人们深受其害。于是尧帝召集大臣们，让他们推荐一个人去治理洪水。许多大臣都极力推荐鲧，尧虽然一直都不太信任鲧，但鉴于形势危急，也只好答应了。

鲧得到了这个任务之后，非常高兴，因为他觉得这是尧对他的信任。所以他治水尽心尽力，可惜的是，他没有找到正确的方法。鲧的治水方法是看到哪一个地方发洪水，就迅速赶过去，命令人们用泥土和石块堵住大水的去路。如果只是一个地方洪水泛滥，这样做是有效的，但是当时的情况是全国的江河湖泊都在泛滥，鲧的方法就不行了。就这样，鲧用"堵"的方法治水治了九年，还是没有一丝成效。

舜继位之后，看到鲧徒劳无功，一怒之下就把他流放到了羽山（今江苏东海县附近），各地的人听到鲧被流放的消息之后，都称赞舜的英明。后来，鲧死在了流放地，临死之前，鲧对自己的儿子禹说："一定要治好水患，也算是为家族挽回一点面子。"

鲧死后，舜命令禹接替他父亲的职位继续治水，并派了益和后稷做他的助手。禹下定决心要战胜洪水。上任后，他并没有急着动手去迎战洪水，而是带着助手走遍全国，翻山越岭地勘测地形。他知道，面对这样的大面积水患，一处一处解决问题根本无济于事，必须把全国各地的情况综合起来治理才能根治洪水。

禹在考察期间遇到了一位涂山氏女子，二人一见倾心，结为夫妇。结婚四天后，禹再次踏上了丈量土地的路程。

在考察完全国各地的地理情况后，禹采取了一种与父亲截然相反的治水方法，这就是"疏"。他带着各地的百姓开发了九州的土地，疏导了九条河流，治理了九个大湖，铺平了各地通往国都的道路。在禹的带领下，百姓根据就近的原则，有的把洪水引进了大湖，有的把洪水引进了沙漠，洪水渐渐退去，百姓都重新绽开了笑颜。禹还把稻种分发给百姓，让他们种田耕地，又建议以后天下的粮食统一调配，哪里粮食少，就从多的地方调一些过去。

在治理水患的13年中，禹整天不知疲倦地劳作，甚至有一次，禹从自家门口走过，听见婴儿"哇哇"的哭声，他才知道涂山氏刚刚为他生下了一个儿子，但是他还是狠心地没有走进去看一眼。

他这种不屈不挠的治水精神得到了舜的肯定，舜赏赐给他一块黑色的宝玉以示奖励，同时决定选择禹作为自己的接班人。不仅如此，禹也得到了全国百姓的爱戴，他们都尊敬地称他为"大禹"。

大禹在治水的13年里，了解了各地的风土民情，增长了见识，也锻炼了自己的管理能力。舜帝逝世后，大禹在全国为舜帝哀悼的三年里，代理政事，哀悼期一过，他就躲了起来，把位置让给了舜的儿子商均。不过，大臣们都不理睬商均，反而去朝拜禹。无奈之下，

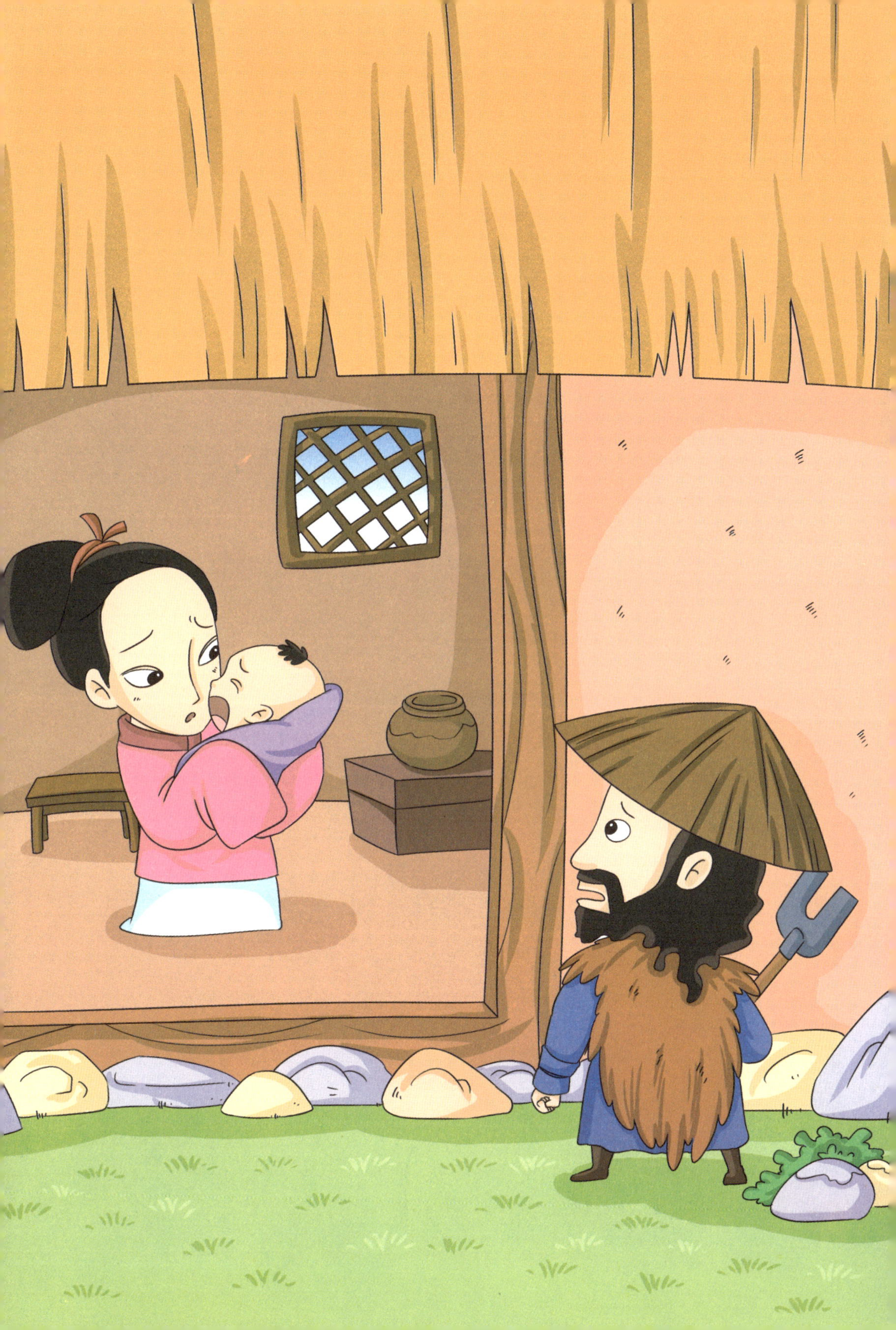

大禹才出来成为新一代的首领。

> **知识库**
>
> 羽山：江苏省连云港市东海县最高的一座山。是连云港第一个见诸史书的地名，更是一座千古名山。传说秦始皇用鞭子把羊山往东赶，打算用来填海，羊山望到东边有只白虎，吓得掉头往西跑，跑到那里时天已经亮了，从此就趴下安然而卧了，所以羽山又叫闲羊山。

搬到没有洪水的地方去

商朝的开国君主汤非常贤明,但是他的后代却并不都是像汤一样仁慈、处处为天下百姓着想的好君主。仲丁之后,混乱的继承制度使得商朝君主的儿子、兄弟以及兄弟的儿子们之间发生了非常激烈的王位之争,这种混乱一直延续了九代。

当王位传到盘庚手里的时候,商朝已经处于岌岌可危的状态了。国内水患频发,经济水平下降,但是因为王族的人都在忙着争权夺位,根本没有人真正关心百姓的疾苦,他们为了稳定政权,采取了最简单的方法,那就是搬家,一个地方发生洪水,那就搬到没有洪水的地方好了。当然,搬家也不只是因为洪水。

从仲丁开始,商朝的都城多次迁徙,仲丁在位的时候是隞(今河南荥阳),后来是相(今河南内黄)、邢(今河南温县东),盘庚即位的时候,首都是奄(今山东曲阜)。反反复复地迁都,让商朝的百姓饱受迁徙之苦。

盘庚是一位很有抱负也很有魄力的君主,他有一个梦想,就是恢复汤时候的盛世景象。于是他决定把都城搬回汤曾经居住过的地方。那里地势平坦,土地肥沃,有山林可以猎取猛兽,还有河流可以灌溉农田，而且距离经常泛滥的黄河很遥远。

确定了都城地点，盘庚颁布了迁都的公告。百姓一听又要搬家，非常不满。盘庚一次又一次地向人们耐心解释，并且承诺迁都后会给每个人分发土地。百姓在这里的土地都已经被贵族瓜分，听到会分发土地，他们勉强答应了迁都。贵族们听说迁都后会重新划分土地，都不愿意离开旧都，他们煽风点火，造谣生事。

盘庚把他们召集到一起，略带威胁地对他们说："从前我的祖先和你们的祖先共同创造了太平的天下，先祖任用你们的祖先，对他们发布命令，谁也不敢违抗，所以先王也非常尊重他们，他们也从来没有干过散布流言蜚语的事情，如今你们丢弃了这样的良好品质，那么是不是我也不必像先祖一样尊重你们的家族了？从今天起，你们必须恪尽职守，做好自己分内的事情。"那些贵族听到这样富有威胁性的话后，果然收敛了很多。

盘庚把都城迁回来之后，修葺了汤的故居，并按照汤时期的政令施行仁政，提倡节俭，减轻赋税。他还告诫大臣们一定要体恤百姓，不能随便剥削百姓的财物。

在盘庚的领导下，百姓的生活变得越来越富裕，人民越来越爱戴他，而诸侯们看到商朝重新振兴的情景后也纷纷回来向盘庚纳贡。

知识库

汤：商朝的开国君主。原是夏朝属国——商国的国君，面对夏桀暴政，发布《汤誓》，大战夏桀于鸣条（今河南封丘东），最终灭亡夏朝。统治期间，阶级矛盾缓和，政权较为稳定，国力日益强盛。

殷商王朝落下大幕

商朝的最后一个帝王是纣王。纣王父亲的长子叫启,但是因为他的母亲身份卑微,不能继承王位,于是他的父亲就立了正后所生的小儿子辛为太子,就是后来的商纣王。

其实纣王的天资十分聪颖,口才很好,接受能力强,而且力气大得惊人,能够赤手空拳和野兽搏斗。如果他能够把这些才能用在正确的地方,相信他会成为一代明君。可惜的是,纣王走向了一个极端。他聪敏善辩,正好可以用来和大臣们辩论,为自己的错误行为开脱,那些一心劝谏他施行仁政的大臣们都被他驳得哑口无言;他自恃才干过人,从来不把那些大臣放在眼里,他觉得在这个世界上,只有自己是最厉害的,没有一个人能够比得上他。

纣王的宫中有一个妃子名叫妲己,纣王十分宠爱她,对她言听计从。为了满足自己的私欲,纣王不断地增加赋税,在全国各地搜刮奇珍异宝,然后把它们堆在自己的宫殿里。他还命人挖了一个池子,里面灌满酒,又派人堆起几座沙丘,插上很多树枝,树枝上挂满肉,他给这个地方起名叫"酒池肉林",又找来很多年轻男女在里面追逐打闹。从此以后,他就天天和妲己在酒池肉林里寻欢作乐,不再过问国家大事。

宫廷里的粮食都溢出了粮仓，甚至腐烂，金银珠宝也堆得到处都是，而宫外的老百姓却饿殍遍野，人们对纣王的行为都充满了怨恨。纣王非但不反思自己的行为，还发明了很多的酷刑来对付那些对他不满的人。

纣王非常喜欢那些给他出馊主意的人，任由他们陷害忠良、抢夺财富，却从不过问。很多大臣看到这种情况，觉得前途渺茫，纷纷逃离国都，只有纣王的叔叔比干还在不停地劝谏，希望纣王可以改邪归正。

纣王终于烦透了比干的说教，命令左右护卫杀了他。看到同是皇亲国戚的比干死于非命，纣王的另一个叔叔箕子觉得自己也很难逃过一劫，于是开始装疯卖傻，去给别人做奴隶，希望能用这种方式逃离纣王的魔爪，但是最终被纣王抓了回来，关进了大牢。

在纣王渐渐失去民心的同时，西伯侯姬昌却在不断地壮大实力。他死后，他的儿子继承了他的位置，这就是周武王姬发。武王看到纣王众叛亲离，感觉推翻纣王统治的时机已经成熟，于是他起兵造反。牧野（今河南淇县南）一战，纣王的部队溃不成军。纣王见自己大势已去，觉得自己即使投降也难逃一死，于是命人把皇宫里的珠宝全都搬到鹿台之上，自己则穿上最华丽的衣服，登上鹿台，躺在金银珠宝中，自焚而死。

武王攻进王宫后，释放了箕子，重新安葬了比干，对那些遭受迫害的大臣们礼遇有加，惩处了妲己和其他的奸臣，天下人都拍手称快。

商朝就此灭亡，另一个朝代的传奇故事拉开了大幕。

知识库

妲己：有苏氏部落女子，温国（今河南温县）人。据《左传》记载，商纣王发动大军攻打有苏氏。有苏氏部落抵挡不住，献出牛羊、马匹及美女妲己求和。也就是说妲己是纣王征战得胜的"战利品"。

两兄弟饿死在首阳山

伯夷和叔齐都是孤竹国国君的儿子,兄弟俩都非常贤能。孤竹国国君本来想把自己的王位传给叔齐,但是他死了以后,叔齐死活不继承王位,坚持说王位应该传长不传幼,非要把这个王位让给哥哥。伯夷呢,则说父亲的遗命是让叔齐继位,作为君子,父亲的命令不能违抗。

两个人各执一词,相持不下。无奈之下,伯夷只好悄悄地离开了孤竹国。哥哥离家出走,叔齐这下该继承王位了吧?结果,叔齐听说哥哥走了,当天晚上也离开了孤竹国。两兄弟都离开了,孤竹国的百姓只好拥立了孤竹国国君其他的儿子继承王位。

伯夷和叔齐所处的时代正是商朝末期,那时候商纣王昏庸无道,而周地的西伯侯姬昌则是一个重视人才的人,于是两个人一起去投奔姬昌。不幸的是,他们到了没多久,姬昌就去世了。他的儿子周武王出兵攻打纣王的时候,为了鼓舞士气,把周文王的木制灵牌安放在战车的前面。看到这种情况,伯夷和叔齐很不满意,他们拉住周武王的马缰绳,大声斥责他:"您的父亲刚刚过世没多久,还没来得及好好安葬,您却在这个时候发动了一场战争,作为儿子,这是最大的不孝啊！商纣王是您的君主，您却要发兵去讨伐他，作为臣子，这又是最大的不忠！您最好还是撤兵吧！"

武王身边的侍从看到这两个人竟然如此胆大妄为，想阻碍大军的前进，就冲上去想杀了他们。但是姜子牙使了个眼色让他们退下，然后转头对周武王姬发说："伯夷和叔齐是有高尚气节的人，我们

应该恭敬地对待他们才是。"武王信服地点了点头。于是姜子牙下车，亲自搀扶着他们离开了军队。伯夷和叔齐最终还是没能阻止周武王伐纣的步伐，他们对此很懊恼。

周武王顺应民心，灭掉了商纣王，平定了天下，建立了周朝。但是伯夷和叔齐却始终认为周武王是一个不忠不孝的人，因此繁荣昌盛的周朝在他们看来只是一个不忠的臣子篡位建立的国家。生活在这样一个名不正言不顺的国家对他们来说是一种莫大的耻辱。因此，自从周朝建立以后，他们就再没有吃过周朝的粮食，两个人相伴隐居在首阳山（一说在今河北迁安境内），每天采些野菜来充饥。不久，他们干脆连野菜也不吃了，很快两个人就饿得奄奄一息。

临死之前，他们作了一首诗歌来讽刺周武王，大意是：我们登上西山，只能采摘那里的薇菜为生。这都是因为残暴的臣子替换了他的君主，这个臣子却不以此为耻。我们再也没有希望看到三皇五帝时期的太平盛世了，我们的归宿在哪里？恐怕只有一死了，命运就是这样不公平啊！

知识库

孤竹国：商朝初年，商汤分封同姓宗亲于今冀东辽西地区建立孤竹国。孤竹国从立国到灭亡，存在了约940年。孤竹国是殷商兴起之后北方的大诸侯国，负责拱卫商朝。

掏心掏肺辅佐成王

周公，姓姬名旦，是文王的儿子，武王的弟弟，是一个非常忠厚仁慈的人。武王即位的时候，他就一直帮助武王处理政务，武王十分信任他，因此在弥留之际把年幼的成王托付给他。

成王继位的时候年纪很小，还不懂得治国的道理，再加上天下才刚刚平定，周公唯恐有人趁机作乱，于是他亲自代替成王处理政务，行使国家权力。

看到这个情况，管叔怀疑周公另有所图，于是就在宫里散布谣言说："周公是个阴谋家，他想采取对成王不利的行动，自己登上王位。"

周公听了传闻，就找到了姜子牙和召公奭说："我之所以不避嫌地来代理政务，只是害怕诸侯们趁机背叛周朝，毁了祖先的家业。现在武王早逝，成王年幼，为了保住周王朝，我不得已才这样做。"

虽然受到兄弟的诋毁很伤心，但是他还是坚持留在了成王身边，没有到自己的封地——鲁地。

他派了自己的儿子伯禽代替他前往封地，临行前，他对儿子说："我是文王的儿子，武王的弟弟，成王的叔叔，地位已经很尊贵了，但是我为了不错失贤人，仍然会一沐三捉发、一饭三吐哺。你去了封地以后，一定不要因为自己的身份而看不起其他的人。"

纣王的儿子武庚觉得周公受到猜忌这件事是一个可乘之机，于是联合了管叔和蔡叔准备起兵反叛。周公亲自领兵平定了这场叛乱，杀了管叔和武庚，流放了蔡叔，又派了微子启去管理商朝的遗民，使殷商的宗族能够继续享受祭祀。经过两年的努力，诸侯们终于都心悦诚服地归顺了周王朝。

周公代理政事七年之后，成王长大成人，他把政权还给了成王。代理朝政的时候，朝堂之上，他面向南面接受诸侯的朝贺；还政之后，他退回到臣子的位置上，谦虚恭谨，从来没有因为自己曾经辅佐过成王就搞特殊化。

不过仍然有人在成王面前诋毁周公，他不得已逃到了楚国。有一次成王到府库翻阅文书，看到一篇周公祈祷的文章，感动得泪流满面。原来成王年幼的时候有一次生病，周公就剪下了自己的指甲，扔进河里，然后向神祷告说："成王不过是个孩子，如果有什么过错，都不是他的本意，如果他确实犯了不可饶恕的错误，上天不肯原谅他，那您就处罚我好了。"没多久，成王就痊愈了。周公没有向别人提起此事，只是把祷文封存到府库中。"这么一个愿意用性命来保护自己的人怎么可能觊觎我的王位呢？"想到这，成王立刻派人接回了周公。

回来之后，周公就像什么都没有发生过一样，仍然尽心尽力地辅佐成王，他怕年轻的成王沉溺于声色，写下了一系列的文章来告

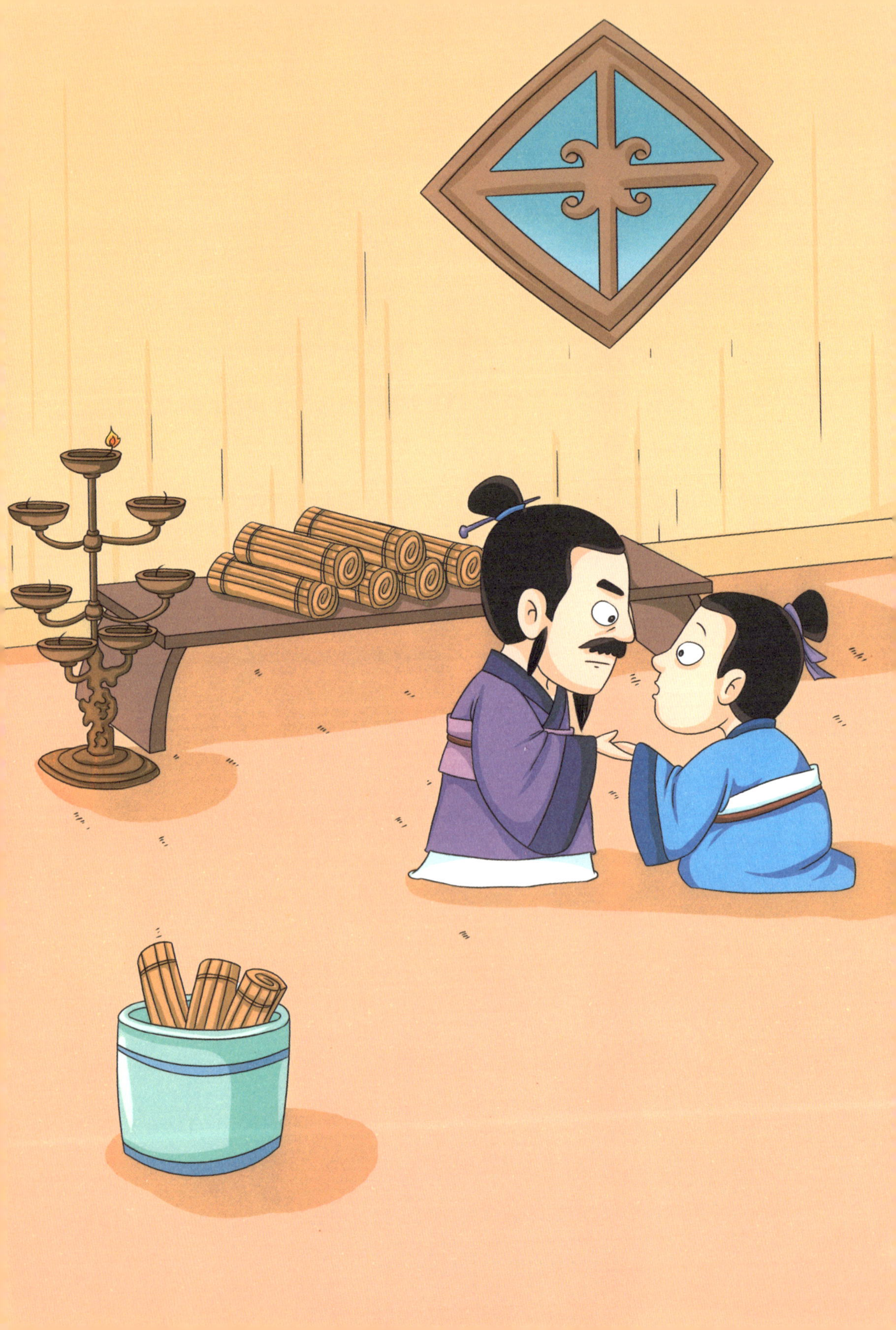

诫成王，希望他能成为一代明君，不要毁掉周朝祖先辛辛苦苦创下的基业。

周公死后，成王十分谦恭地把他葬在了文王墓地的附近，表示对他的尊重。此外，他还特许鲁地国君可以演奏天子的礼乐。

知识库

管叔、蔡叔：管叔和蔡叔都是周武王姬发的同母弟，前者受封管国，所以称管叔或管叔鲜。后者受封蔡国，所以称蔡叔或蔡叔度。两人与武庚起兵反叛，被周公平定后，管叔遭诛杀，蔡叔遭流放，最终死在流放之地。

赔了夫人又送了性命

周幽王是周宣王的儿子,他有一个妃子叫作褒姒。这个褒姒生得如花似玉,幽王十分宠爱她。

民间都传说这个来历不明的褒姒是上天派来灭亡周朝的。传说夏王朝开始没落的时候,有两条巨龙落在了宫廷内不肯离去,自称是褒国的两位天子。国君不知道如何是好,只好派人去占卜。占卜的结果显示,这两条龙既不能杀也不能赶,要想方设法地收集到它们的唾液。于是国君派人摆上祭品,诚心祈祷,最后神龙吐下唾液飞走了,人们赶紧找了一个精致的盒子把这些唾液收藏起来。

夏朝灭亡后,这个盒子传到了商朝,而后又传到了周朝,历代的国王都不敢打开它,直到周厉王末年,厉王禁不住诱惑,打开了盒子。这一看就闯了大祸。龙的唾液流了出来,形成了一条黑色的蜥蜴。厉王很害怕,于是派宫女们趴在地上大声叫嚷吓唬这条蜥蜴。蜥蜴爬向了后宫,被一个小婢女看见了,这个小婢女长大后没有丈夫就生下了一个女孩,怕别人笑话,就把孩子扔掉了。

后来一对夫妇看到了这个孩子,看她哭得可怜,就收养了她,并且把她带到了褒国,取名褒姒。长大后的褒姒出落得亭亭玉立,十分漂亮。后来褒国人犯了罪，为了免除处罚，就把褒姒献给了幽王。

幽王在后宫看到褒姒的第一眼就非常喜欢，马上把她立为妃子。后来褒姒给他生了一个儿子叫伯服。幽王十分偏爱褒姒和伯服，经常赏赐给他们很多好东西。但是他觉得这还不够，最后他不顾大臣们的反对，废掉了原来的申王后和太子宜臼，改立褒姒为王后，伯服为太子。

虽然褒姒在宫中生活得衣食无忧，但是她看起来总是不快乐。幽王千方百计地逗她笑。他在全国发布告示称谁能够让王后开怀大笑，一定重重有赏。这时一个叫虢石父的奸臣给幽王出了一个主意。

这一天，幽王带着褒姒来到都城附近的烽火台上。褒姒不知道幽王要做什么，依旧板着脸。不一会儿，只见远处的烽火台上一处接一处地冒起了烽烟，这烽烟原本是向诸侯告急的信号，看到烽烟升起，各路诸侯连忙派兵遣将，奔到国都。

到了国都，眼前的景象却让他们惊呆了，哪里有什么敌军，只有幽王带着褒姒在寻欢作乐。看到诸侯尴尬的表情，褒姒哈哈大笑，也因此变得更加漂亮，幽王都看呆了。后来为了博取褒姒的欢心，这样"烽火戏诸侯"的故事又上演了几次，

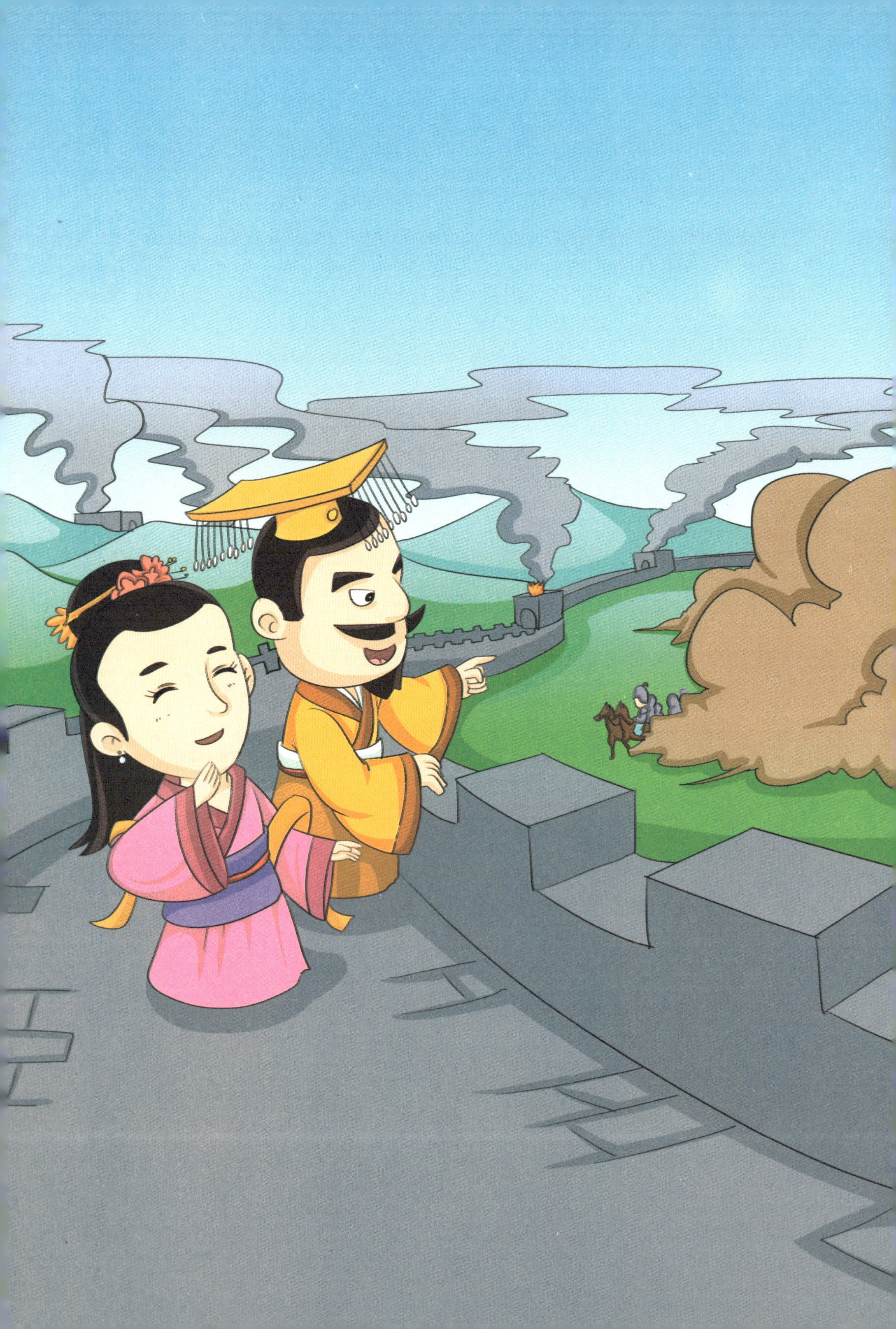

后来诸侯再也不相信幽王的烽火信号了。

不久犬戎来攻打国都,幽王赶紧命人点起烽火,可是已经没有人相信这烽火是在传递敌情了。犬戎迅速攻进王宫,在骊山杀死了幽王,活捉了褒姒,把幽王的财宝瓜分殆尽。

后来诸侯拥立原来的太子宜臼为天子,这就是周平王。他把国都往东迁移,历史上把迁都后的周朝叫作"东周"。东周前半段又称"春秋"。

知识库

褒国:大禹的儿子有褒氏辅佐大禹治水有功,被分封到今天汉中市以北,建立了褒国。褒国的末代国君叫褒珦,他也是周幽王的大夫。

郑庄公的那点儿小心思

在春秋初期的各诸侯国中，郑国与周王室的关系十分密切。周平王东迁之时，郑武公因护驾有功而被封为卿士，参与周王室的政务决策，还获得了很多土地作为封赏。第二年，郑武公又将郑国的首都迁到新郑，由于这里土壤肥沃、交通便利，郑国很快便成了当时最强大的诸侯国。

郑武公的妻子是申国国君的女儿武姜，她为郑武公生了两个儿子，大儿子是在她睡梦之中出生的（一说难产所生），因此取名寤生，小儿子名叫段。因为寤生的出生很不顺利，所以武姜一直不喜欢他，偏爱幺儿段。

郑武公去世后，寤生以长子的身份顺利继承了父亲的位置，史称"郑庄公"。武姜看到心爱的小儿子没能成为郑国国君，觉得十分心疼，便要求郑庄公将制邑封给段。

郑庄公对母亲说："制邑是地势险要的关隘，虢叔死在那里，实在不能给人，其他的地方您随便挑。"于是武姜说："制邑不行的话，那就将京邑封给他吧！"郑庄公一看，无法再砌词推脱，只好答应下来，将京邑封给了段，从此段就根据封地被称为"京城太叔"。

当时郑国大夫祭仲对郑庄公提出京邑地盘太大，超过了整个郑国的三分之一，违背了先王之制，将京邑封给段，对郑国和郑庄公都是一件危险的事。郑庄公神秘地一笑说："别着急，多行不义必自毙，等着瞧好了。"

不久之后，段命令郑国的西部和北部边境臣服于自己，后来干脆将他们划入自己的封邑，这样他的势力范围就达到了廪延。看到段肆无忌惮地扩张自己的势力范围，公子吕多次对郑庄公提出警告，但郑庄公并没有理会。

就这样，郑庄公毫无反应地看着弟弟的势力坐大，段很快羽翼丰满，打算攻打首都新郑，并且与母亲武姜提前联络好，由武姜作为内应，为段的军队打开城门。

郑庄公表面上对弟弟的势力扩张不管不问，其实暗地里早就派出了眼线在段身边探听消息。他们即将发动叛乱的计划一敲定，郑庄公便得知了消息。郑庄公决定先下手为强，便命公子吕率领二百乘战车前去攻打京邑。京邑的官民百姓毕竟还是忠于名正言顺的郑庄公，此刻又见到浩浩荡荡的二百乘战车气势汹汹地兵临城下，便纷纷背叛了段。

众叛亲离的段仓皇逃到鄢邑，郑庄公又派军队攻打鄢邑，段守不住鄢邑，只好再次出逃到更远的共国。为了彻底铲除段的势力，郑庄公将母亲武姜赶出宫廷，放逐到城颍软禁起来，还发下誓言说："不及黄泉，无相见也。"

叛乱结束后，没有善待母亲成了郑庄公被人指责的话柄，于是

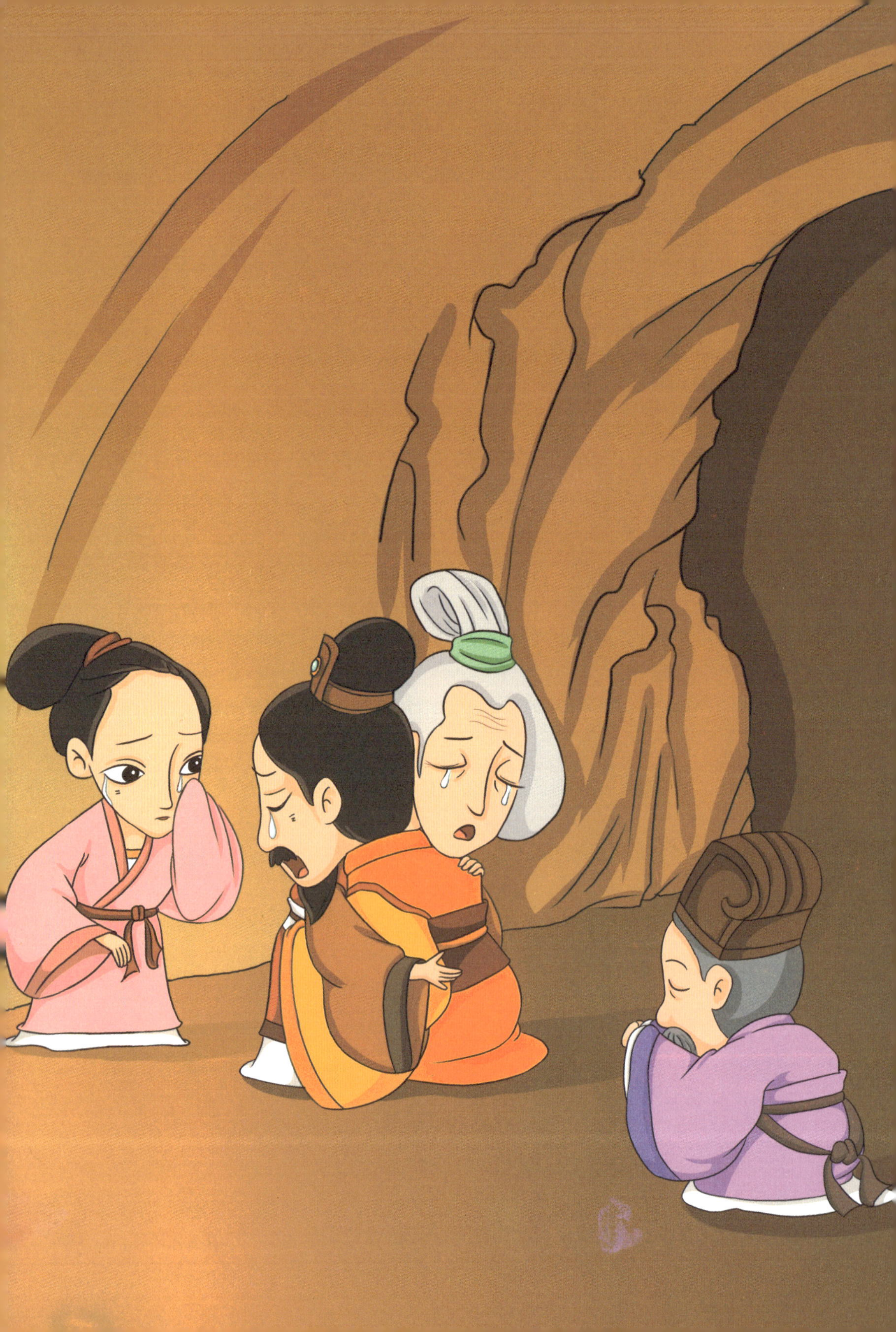

他在颖考叔的建议下派人挖掘了一条深入地底可以见到地下水的隧道，然后请母亲武姜在隧道中相见。武姜与郑庄公毕竟是母子，何况郑庄公已经是她唯一的指望了，于是便爽快地跟随郑庄公派来的人到隧道中等候自己的大儿子。

在这次会面之后，武姜得到了很好的侍奉，而郑庄公洗脱了不孝的罪名，再次成了受人称道的贤明国君，郑国内乱就此告一段落。

知识库

祭仲：姬姓，祭（zhài）氏，字仲，郑国祭邑（今河南郑州）人，春秋时期著名政治家、谋略家。郑庄公在位，出任大夫，深受宠信。郑庄公逝世后，先后扶立郑庄公的四个儿子为国君，执掌郑国政权数十年。

周郑温情不复存在

在春秋初期的政治舞台上,郑国的风头可谓一时无两。郑武公和郑庄公先后进入周王室担任执政的卿。他们在周王室把持朝政,让周平王颇有掣肘之感。不仅如此,郑庄公时期郑国的四处扩张,也让周平王感到了危机。

为了削弱郑庄公的权势,周平王决定以他忙于处理国内事务,无暇顾及朝政为由,将郑庄公掌握的部分权力转交给了虢国国君虢公忌父。周平王如此这般,自然是想以虢国的势力来牵制郑国。可是,周平王没有想到国力有限的虢国怎么能是郑国的对手呢?

消息传到新郑,郑庄公自然大为恼火,便赶到成周质问周平王这么做的原因。周平王眼见郑庄公气势汹汹来者不善,顿时没了先前做出决定时的胆气,知道郑庄公得罪不得,只好矢口否认了对郑庄公心怀不满的事实。可这样苍白无力的谎言怎么能骗得了老谋深算的郑庄公呢?为了安慰郑庄公,表明自己对郑国的信赖,周平王表示愿意同郑国交换人质。郑庄公派出自己的儿子公子忽住到成周,而周平王则派出自己的儿子王子狐到郑国去。这一事件,史称"周郑交质"。

鲁隐公三年（前720年），周平王逝世，其孙即位，是为周桓王。周桓王年轻气盛，对郑庄公毫不客气。他刚一上台，就声明要将周王室的政务全权交给虢公忌父。郑庄公对这一声明的回应则是命大夫祭仲带兵将周王室田土上生产的粮食抢了回来。这次硬碰硬的交锋，让周、郑关系迅速恶化了。

周、郑双方的冷战还在继续。鲁隐公十一年（前712年），郑国刚刚攻下宋国的四座城池，周桓王就表示要用自己的领地同郑庄公交换。郑庄公答应了此事，却没想到，周桓王接受四邑之后，拿出来的却是周王室无法直接管理的司寇苏子位于温地的采邑。

鲁桓公五年（前707年），周桓王干脆彻底解除了郑庄公的职务，并以其长期不朝见天子为由，召集了陈、蔡、虢、卫的军队联合讨伐郑国。面对王师，郑庄公不甘示弱，也率领一众大夫统兵迎战。双方在繻葛发生了一场激战，史称"繻葛之战"。

在这场至关重要的大战中，周王室摆出了传统的"鸟阵雁行"之势，将军队分为左、中、右三军，周桓王自领中军，而由左右卿虢公忌父和周公黑肩各领一军分列左右。周军主力集结在中路，盟国军队则分属左右两翼。在战争主力还是兵车和步卒的时代，这是一种很正统的战法。

针对周军的布阵，郑国大夫子元提出了一种称为"鱼丽之阵"的阵法：全军仍然分为三军，但主将所率领的中军则位于全军后方。主力集结在突出的左右两翼，并将步卒和兵车混合编队，全军形成密集的方阵。

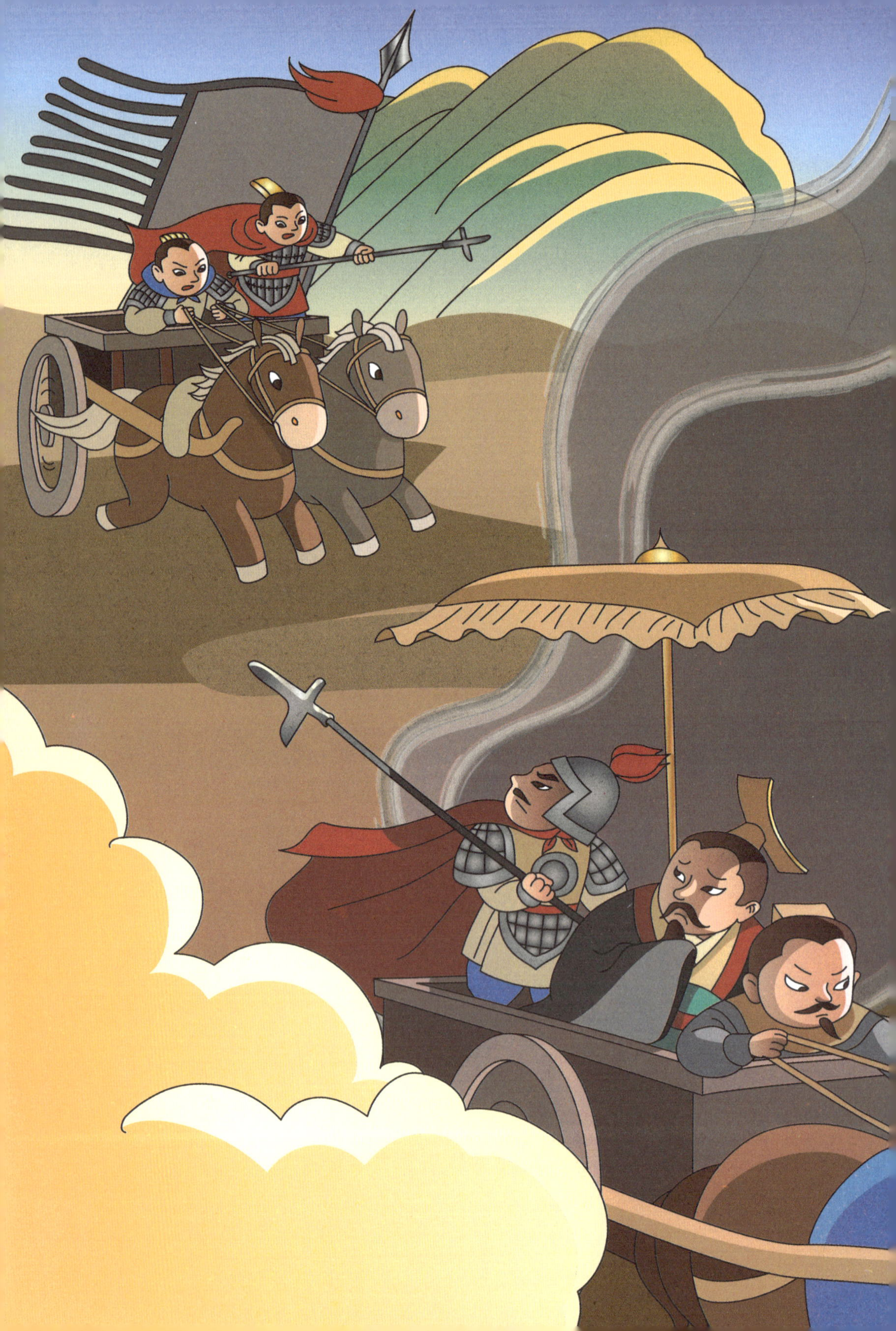

两军交战，周军的两翼被杀得大败，主力随即陷入了郑军的重重包围。周桓王更是被郑国大夫祝聃一箭射中肩膀，只得忍痛负伤逃窜。最终，周、郑"繻葛之战"以郑国的大胜而告终。

知识库

虢国：周武王灭商后，将两个弟弟虢仲、虢叔，一个封于制邑（今河南汜水），建立东虢国。一个封于雍邑（今陕西宝鸡东），建立西虢国。两个虢国起着周王室东西两面屏障的作用。

周郑温情不复存在

一个庶子的叛乱之路

王子颓是周庄王的庶子,深得周庄王宠爱。但由于嫡长子继承制,他并没有继承权。周庄王去世后,由嫡长子胡齐继位,是为周釐王。周釐王去世后,其子阆继位,是为周惠王。而王子颓也就成了周天子的叔父。看着自己的侄子成为天下共主,王子颓耿耿于怀。

周惠王对王子颓的不满不仅毫无觉察,还一心忙着求田问舍,为自己置办宫苑田产。周惠王甫一登基,就强行夺取了大夫蒍国的园圃,接着又征用了大夫边伯的住所,将其改为王宫。大夫子禽祝跪和詹父的田产也先后被周惠王弄到了手,他还收回了膳夫石速的俸禄。

蒍国不是别人,乃是王子颓的老师。于是在蒍国的联络下,这几位大夫凑在一起,商量拥立王子颓为天子。而这一计划又得到了大夫苏氏的暗中支持。

鲁庄公十九年(前675年),蒍国、边伯、石速、子禽祝跪和詹父共同起兵攻打周惠王,不料出师不利,五大夫被周惠王击败,他们逃到了苏氏的封地温,而苏氏则侍奉王子颓逃到了卫国。王子颓说动了卫国支持自己,于是卫国联合南燕国起兵,进攻周王室。这一次周惠王吃了败仗,只得出奔。而王子颓随后回到成周,并被五

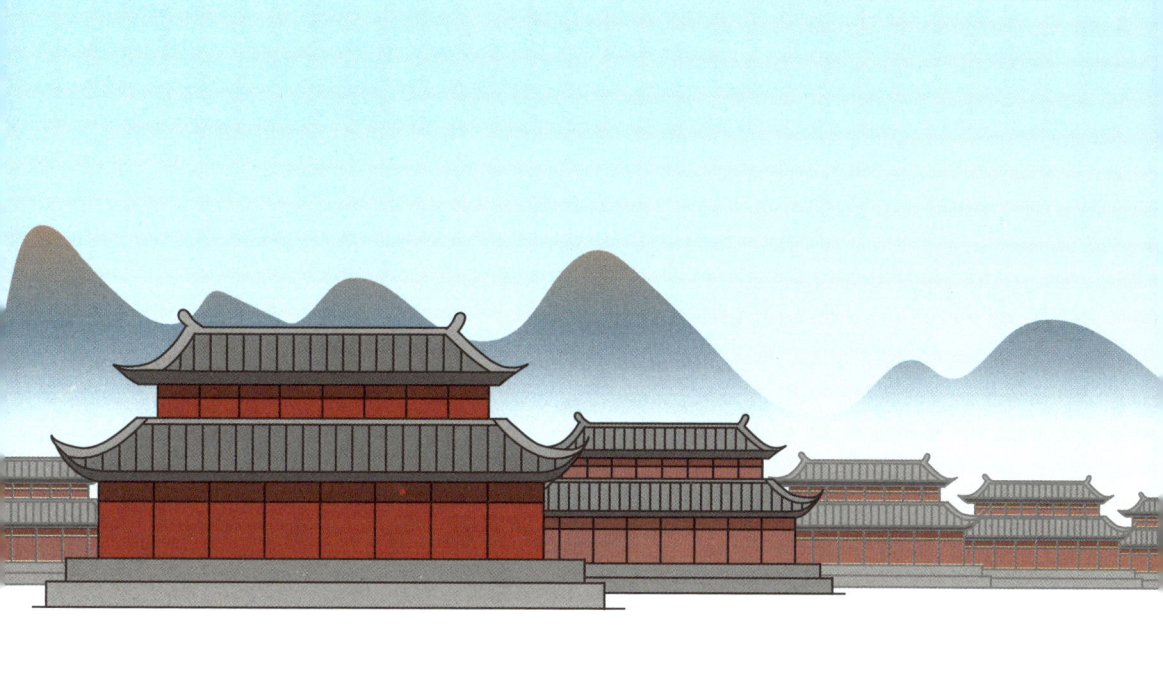

大夫拥立为天子。

周王室的内乱给了刚刚复位的郑厉公一个重新提高声望和地位的机会。鲁庄公二十年（前674年），郑厉公希望以赦免王子颓的罪行为条件，请周惠王复位。但王子颓拒绝了这个提议。郑厉公见事不成，便发兵攻打周王室，并俘虏了南燕国的国君仲父。随后又将流亡中的周惠王迎到栎邑安顿下来，这之后又再次讨伐王子颓，大破周军。

想全面铲除王子颓并拥立周惠王复位，单靠郑国的势力远远不够。王子颓和郑厉公都深知这一点。这年冬天，王子颓觉得郑国无计可施，自己王位坐稳，于是大摆筵宴，犒劳支持自己的五大夫。

郑厉公抓住这个机会，向虢国发出了联合讨伐王子颓的邀请。他亲自会见了虢公，表示王子颓歌舞不倦，乃是取祸的征兆，不如

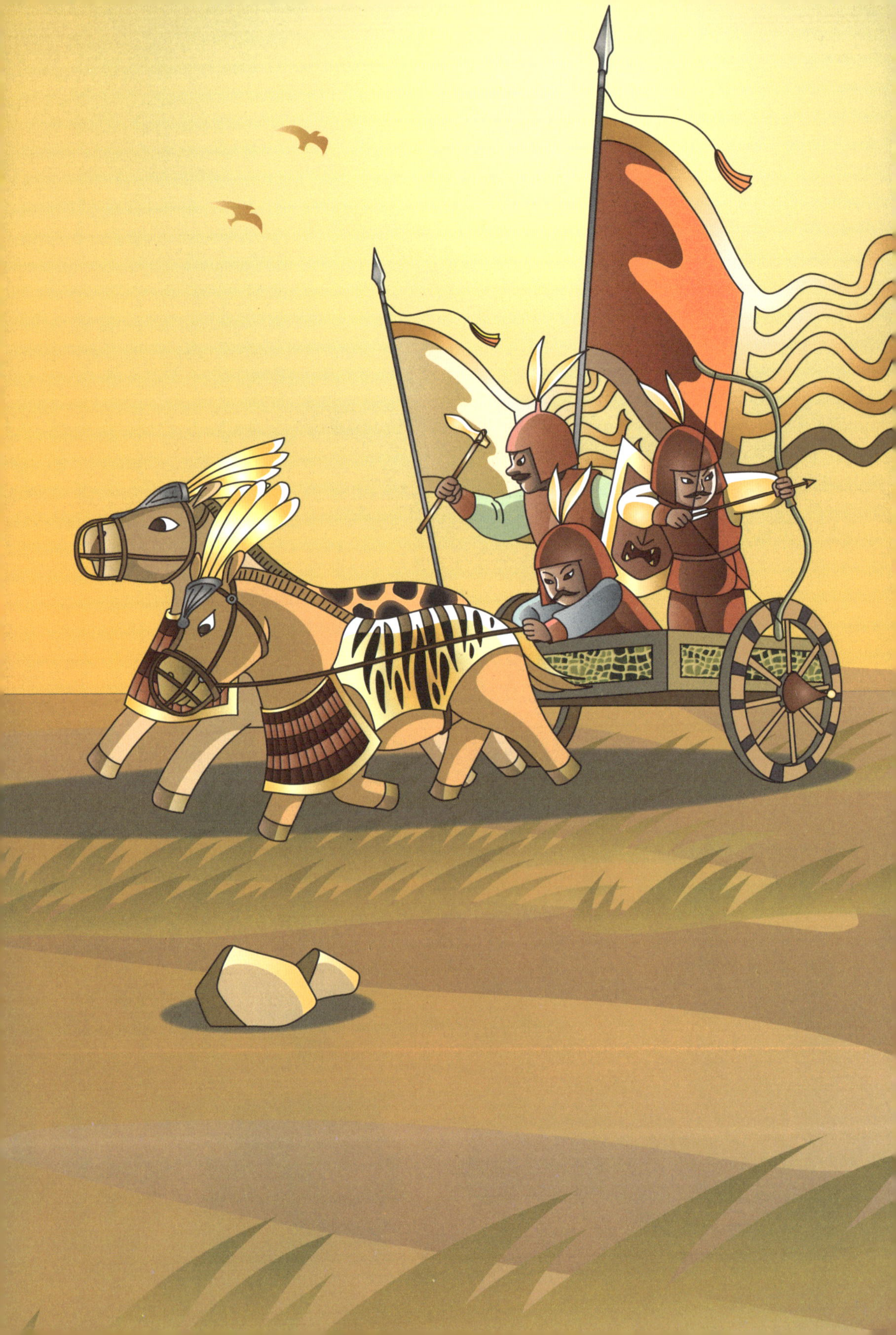

趁此机会，拥立周惠王复位。虢国和郑国原本就是周王室的卿，与周王室关系至为密切，因此毫不犹豫地答应了郑国的请求。

郑国和虢国兵分两路围攻成周。虢公自北门入，郑厉公则护送周惠王自南门入。面对优势兵力，王子颓一党腹背受敌，根本无力抵抗，悉数丧命。历时三年之久的"王子颓之乱"至此结束。

知识库

南燕国：春秋姞姓小国，在今河南延津东北。当时称燕国，后人为了区分北方的姬姓燕国，因此称为南燕。秦统一全国后，改南燕国为燕县。

想称霸，先强国

春秋时期，各个诸侯国都有国（国都以内）、野（国都以外）之分。管仲将国都以内地区划分为 21 乡，分别为工、商和士居住，其中 3 个工乡、3 个商乡、15 个士乡，士乡由齐桓公和高子、国子两家贵族各管 5 乡。

乡下有连、里、轨。从属关系为：5 家为轨，10 轨为里，4 里为连，10 连为乡，分别由轨长、里司、连长、乡良人（或乡大夫）管理。国都以外地区为 5 属（区），为农民居地。属下有县、乡、卒、邑。从属关系为：30 家为邑，长官称"邑司"；10 邑为卒，长官称"卒帅"；10 卒为乡，长官称"乡帅"；3 乡为县，长官称"县帅"；10 县为属，长官称"属大夫"，由朝廷的五大夫直接管理。

管仲推行的"参国伍鄙"制度，废除了分封制度下的贵族采邑，而代之以一种类似于后世郡县制的体制。这种体制不仅是一种日常行政管理的基本架构，有利于人员管理和赋税征收，还直接与兵役制度结合起来，在齐国的争霸战争中起到了重要作用。"参国伍鄙"制度使用了轨、里、连、乡这种层层管理的体制，很容易在战时转化为军事建制。

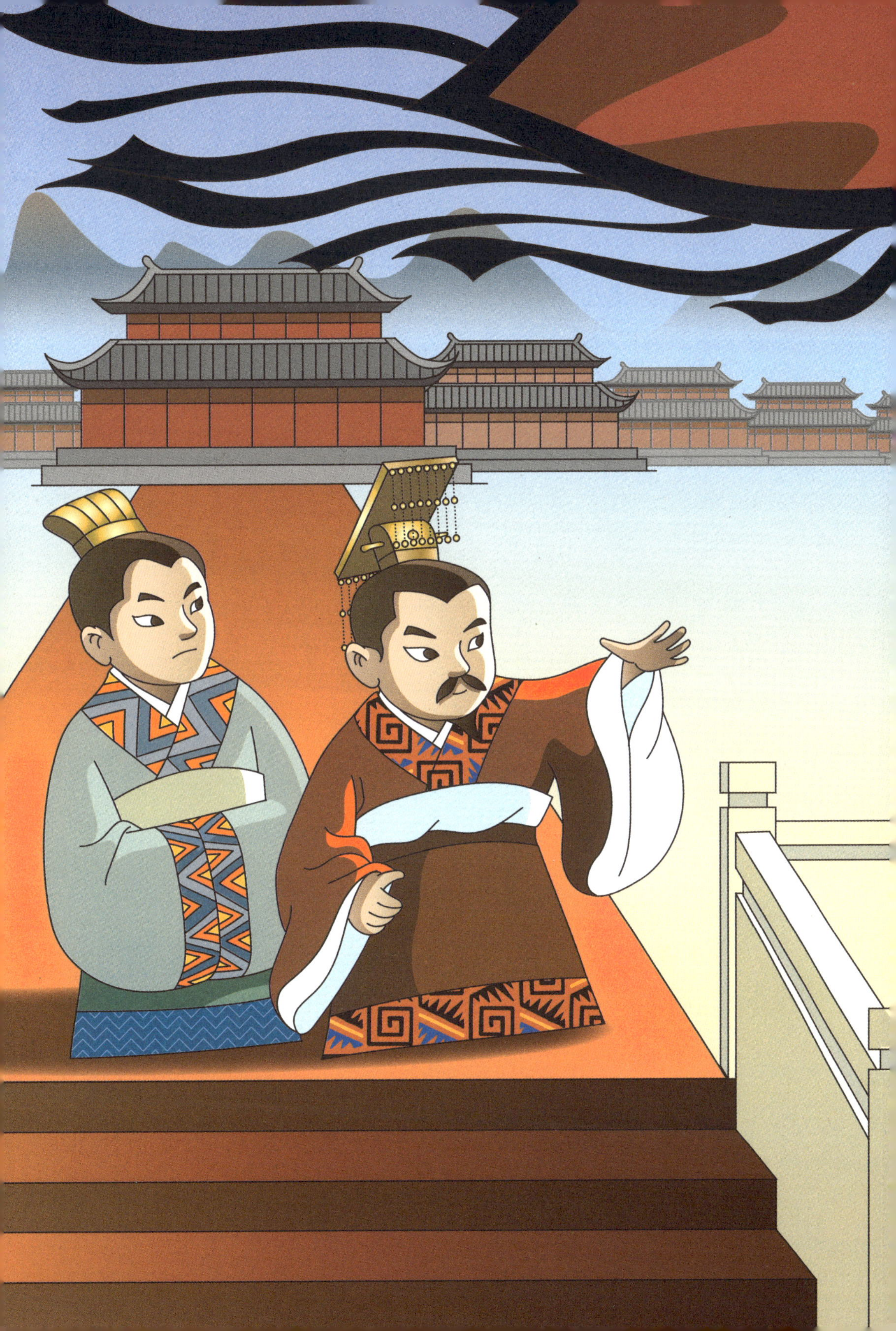

管仲还改善了士兵的来源。春秋时期，后世那种以战争为职业的雇佣兵还没有出现，各国普遍实行的是义务兵役制，也就是说，平日里安居乐业的老百姓，在战争时摇身一变就成为冲锋陷阵的士兵，这就是所谓的"入则为民，出则为兵"。齐国自然也不例外。基于这一情况，管仲决定将"士"这一阶层作为齐国军队的主要来源。

春秋时期的士需要掌握六艺，即礼、乐、射、御、书、数，换句话说，一个标准的"士"应该文能提笔安天下，武能上马定乾坤。所以，和农、工、商等阶层相比，他们的素质相对更高。

如此一来，齐军的个人素质大为提高，其战斗力直线上升；不仅如此，军事体制与日常行政架构联系紧密，可以随时进行无缝切换，这使得军队的建制更为规范，也大大提高了军队的作战效率，同时还减轻了国民的负担。

军队的强大除了要提高战斗力，还需要先进的武器。春秋时期出现的冶铁技术对农具和武器有着十分重要的意义。可是，如何才能迅速集中铁矿呢？管仲想出了一个"宽刑赎罪"的法子：齐国的罪犯可以通过缴纳武器盔甲甚至矿石的方法抵消刑罚。这一制度不但解决了军备来源，而且扩大了国家财政收入，也缓和了国内矛盾，收到了事半功倍的效果。

除了这些改革，管仲还针对旧时根据血缘确定官职的人才选拔制度做了部分修改，建议齐桓公大力招募他国人才，派出八十名"游士"，多带金银财物，身穿绫罗绸缎，驾着宝马香车，游览四方，见到高人隐士立即请到齐国。一时间，齐国人才济济，宾客盈门。

知识库

管仲：名夷吾，字仲，颍上（今安徽颍上）人。得好友鲍叔牙推荐，担任齐国相国，被齐桓公尊称为"仲父"。任职期间，管仲对内大兴改革，对外尊王攘夷，辅佐齐桓公成为春秋五霸之首。

尊王攘夷，号令天下

卫国国君卫懿公既不爱好富国强兵，也不爱好扩张领土，他的爱好是养鹤，在宫廷中和都城附近的宫苑中，到处都有为卫懿公精心饲养的鹤。为了表示自己对鹤的喜爱，卫懿公还特意给它们授予官位，最上等的鹤与大夫同等，差一点的可以得到士的俸禄，还有专门的"鹤将军"，每次卫懿公外出游玩就让它们在车前引路，像威武的大将军一样。

鲁闵公二年（前660年），狄人大举南侵，直奔卫国而来，卫懿公赶快召集军队迎战，谁知将士们谁也不愿意作战。因为他们在战场上拼杀，即使立下功勋也很难获得官位，而卫懿公却随意给于国毫无用处，只会浪费财力物力的鹤封官，这让将士们都十分不满。

卫懿公无奈，只得命人放掉所有的鹤，勉强收拾人心集结军队。但卫军军心不齐，又是仓促应战，很快就溃败了。卫懿公守着卫国的大旗不愿离去，于是被狄人碎尸，卫国也随即被灭。卫懿公的堂弟，卫宣公的孙子公子申收拾残余的百姓，召集仅余的大臣，在曹邑即位，史称卫戴公。

齐桓公一开始听说狄人进攻卫国，并没有当回事，也没有发兵

去救援，谁知不久以后就听说卫懿公死了，卫国被狄人灭掉，才发觉事态严重，赶快派自己的儿子公子无亏带着三百战车、三千士兵到曹邑去帮助维持。

卫戴公即位不到一年就去世了，卫国再次陷入巨大的惶恐之中，此时流亡齐国的公子毁回到卫国即位，史称"卫文公"。同时，嫁到许国的卫懿公的妹妹许穆公夫人立即回卫国来帮助重建，同时还发挥自己的外交才能四处奔走，为卫国的重建征集援助。

卫国的重建正如火如荼地展开，狄人的铁蹄又踏向了邢国。前一年，狄人就曾经攻打邢国，但是齐桓公耽于逸乐，不愿意派兵出战，在管仲的劝谏下，齐桓公如醍醐灌顶，当即派兵打退了狄人，解救了邢国。

这一次，敌人蹂躏了卫国之后又大举进攻邢国，齐国如果置若罔闻，又何谈尊王攘夷呢？于是齐桓公邀集宋国、曹国的军队在聂北会和，一起去救援邢国。但是当联军赶到时，邢国的国都已经被狄人攻破，一番大肆抢掠之后，又放了一把大火将都城付之一炬。

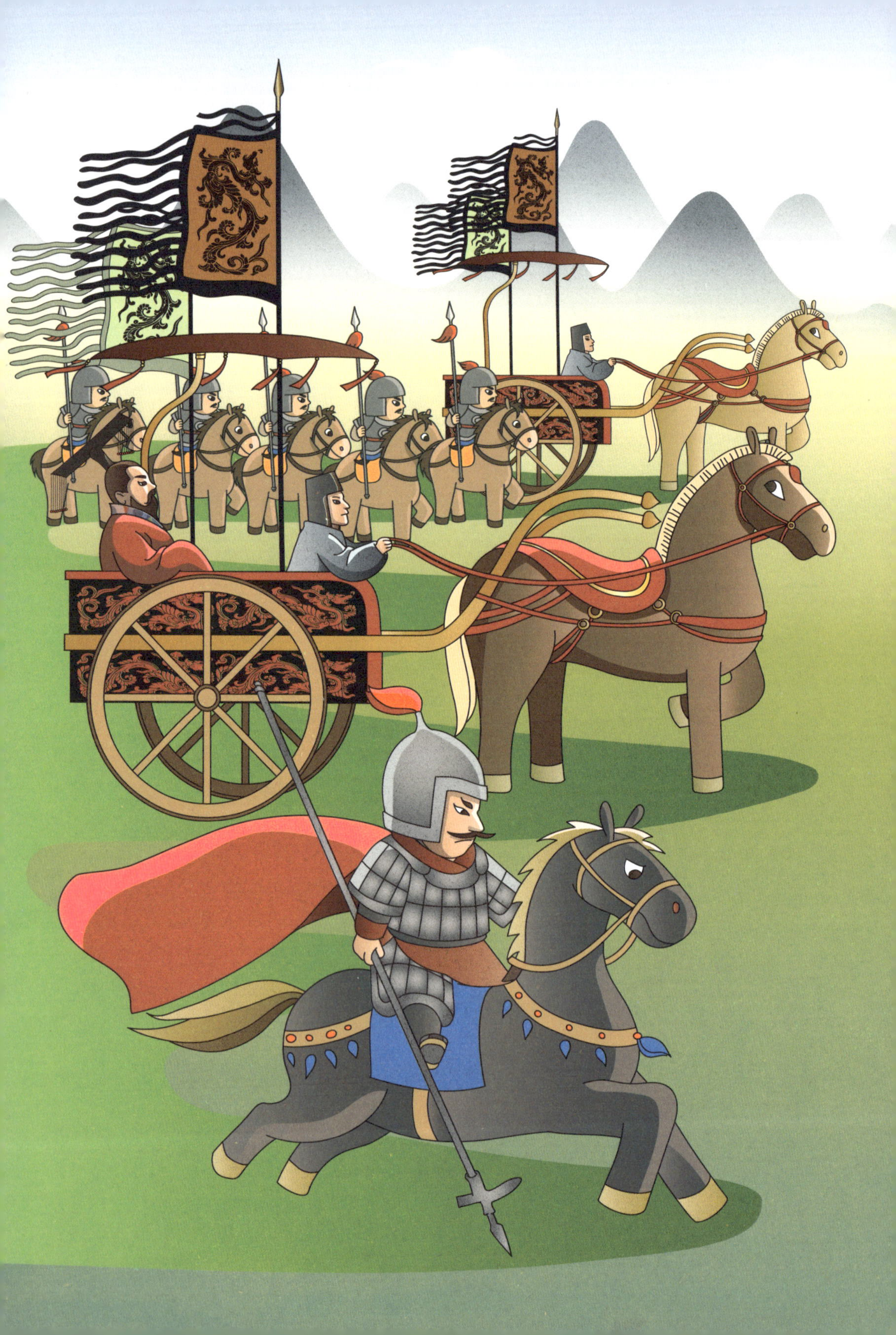

联军赶走了狄人，救了逃出来的邢国人，但是邢国的都城已经成了一片废墟，再也无法修复。于是齐桓公下令联军开到邢国人口比较多的夷仪，帮助邢国在此修建城墙，建立新的国都。有了齐国和其他国家的物资援助，邢国的新都城很快就建好了，邢国人兴高采烈地搬入新居，心情像回家一样高兴，故而史称"邢迁如归"。

然后，齐桓公又号召各国合力在楚丘为卫国兴建了新的都城，重新过上安稳和平生活的卫国人很快就在新的土地上扎根，忘记了亡国的痛苦，故而史称"卫国忘亡"。

> **知识库**
>
> 夷仪：文献所载夷仪城有两处，一处在今邢台市信都区浆水镇，一处在今山东聊城市西南。当时的狄人在邢国国都西北，邢国迁都不可能迁到离狄人更近的地方，所以邢国新都夷仪当是在聊城西南。

寒食节背后的故事

在晋文公重耳十九年的流亡生活中,追随他的都是历史上非常有名的能臣,其中一位就是因忠心事主、不羡荣华富贵而名留青史的贤臣介子推。

重耳做了国君之后,为了安抚人心、稳定局势,采取了一系列惠及百姓的利民政策,同时大肆赏赐跟随他流亡的大臣和帮助他回国的有功之臣,其中功劳大者得到了封邑的赏赐,功劳小者也得到了尊贵的封爵。但是此番封赏并没有遍及所有的有功之臣,不久之后,周襄王因为其弟王子带作乱之事被迫逃到郑国,并且向晋国告急请求援助。晋文公想要派兵去救,又担心自己即位不久,局势不稳,一旦亲自带兵离开晋国去平乱,晋国会发生内乱,于是晋文公再次大赏跟随他流亡的大臣,让他们替自己守护晋国。

见到一众大臣都得到了赏赐,当初监守自盗,偷了所有财产逃走的头须也回来向晋文公求官。晋文公记恨他当初的背叛害得自己差点饿死在卫国的郊外,因此很不愿意见他,但如果贸然拒绝,又担心此事传扬出去寒了一众大臣之心,只好接见了头须。

见到晋文公以后,头须告诉晋文公自己当初带了所有的财产离

开，其实并不是背叛他，而是用这些钱财到各国去结纳权贵，为他寻求援助。晋文公听了虽然仍然对头须十分不满，但也不得不就势封赏了头须。

由于介子推已经退隐，因此并没有得到封赏，他自己也不屑像头须那样去求赏求封。后来有人同情介子推的遭遇，更佩服他的高洁，便写了一封信挂在宫门上："龙欲上天，五蛇为辅。龙已升云，四蛇各入其宇，一蛇独怨，终不所见处所。"晋文公见到以后，说："这是在说介子推了，我当时忧虑王室，没有来得及封赏他。"于是命人去传召介子推，可是介子推此时已经隐居到了绵山中，晋文公便将绵山划给介子推做封地，取名为介山，并且

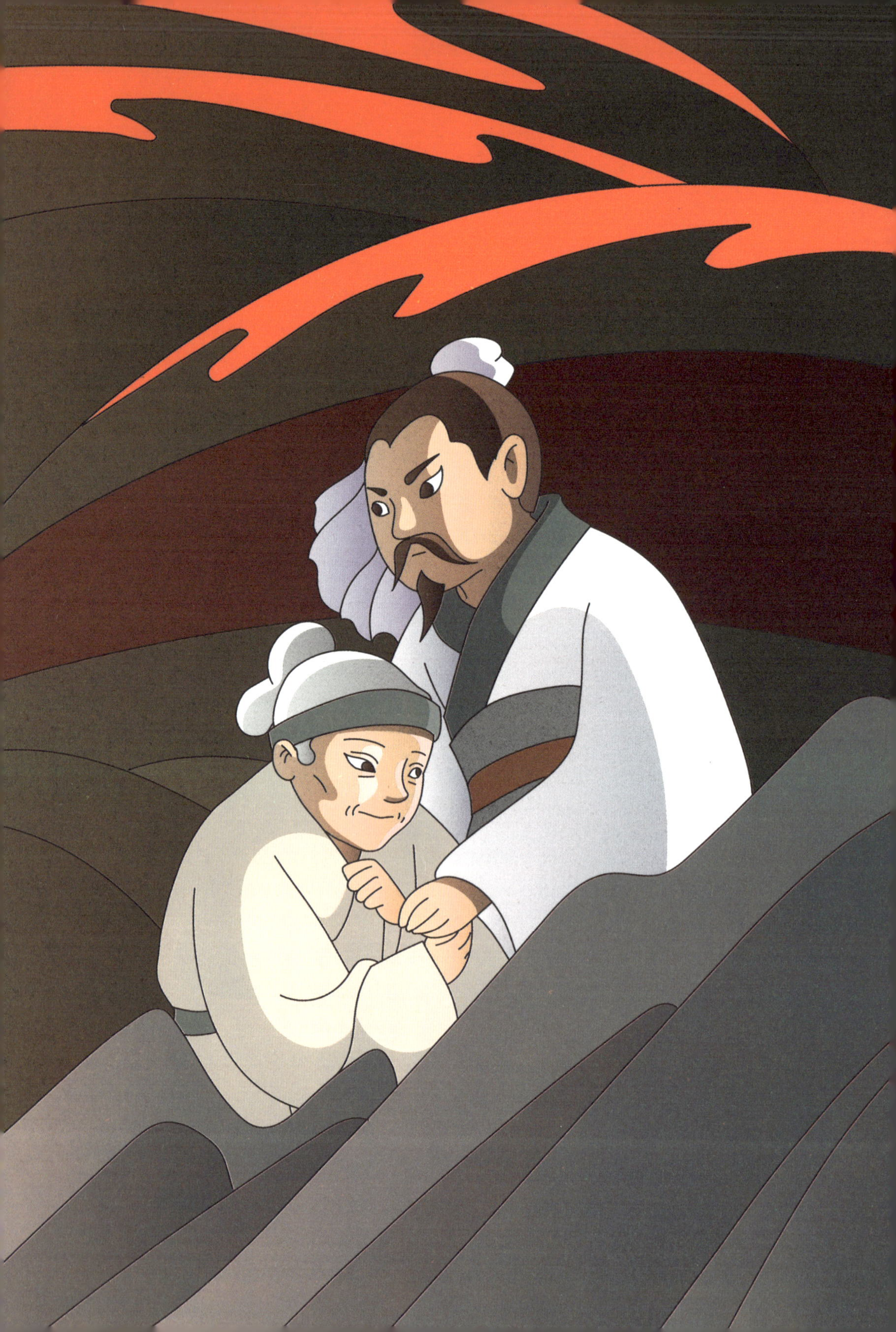

说:"以记吾过,且旌善人。"

还有一种说法认为,介子推隐居之后,晋文公亲自到绵山去请他出山,谁知介子推坚决不肯。于是有人建议晋文公放火焚烧绵山,用大火将介子推逼出来,不知出于何种心理,晋文公竟然同意了这个用火攻来"请"人出山的主意。大火燃烧了三天三夜,倔强的介子推还是没有出来,后来才发现他们母子二人已经烧死在山中了。

晋文公对自己愚蠢的行为害死了介子推感到十分后悔,于是厚葬了介子推母子,并且下令以后每年介子推的忌日禁止生火,人们只能食用冷的食物,这个习俗流传了下来,就是后来的"寒食节"。

知识库

王子带:姬姓,名带,亦称叔带、太叔、太叔带。因受封甘地(今河南洛阳南),谥号昭,故又称甘昭公。他是周惠王之子,周襄王异母弟。

奠定秦国后世之基

秦国的西边生活着许多戎族部落，自秦国建立以来就如同噩梦般纠缠着秦国，是发展扩张之路上的心腹大患，也是东进的后顾之忧。戎王听说秦穆公是一个十分贤明英武的国君，担心秦国逐渐强大起来对戎族不利，因此派出大臣由余出使秦国探查情况。

秦穆公在接见由余的时候，问起治国之道，由余回答说："以诗书礼乐法度这些来治国正是中原各国发生祸乱的根本原因。上古的圣人黄帝创造了礼乐法度，并亲自带头实践，却仅仅实现了很小程度的治世。到了以后的时代，君主日渐骄奢淫逸。依仗着法度的威势来要求和监督臣下与人民，百官人民因此疲惫至极就会怨恨君主不能实行仁义之道。到时候主上和臣下相互埋怨对方不能使自己满意，乃至篡位弑君、抄灭全族，这都是礼乐法度种下的祸根。而戎族就不这样治国，戎王怀着仁德来善待臣民，臣民则满怀忠信来侍奉君上，治理整个国家的政事就像管理自己的身体一样自然，无须了解什么治国之道，这才是真正的圣人治理国家的方法。"

秦穆公听后低头沉思，默然不语，事后他召来内史王廖请教："我听说邻国有圣人，这是敌国的忧患。如今由余如此贤能，这是我的祸害，我该如何是好呢？"内史王廖为秦穆公想了一个办法，秦穆公依计而行。

秦穆公设下筵席宴请由余，并破例将二人的坐席相连以示礼遇。酒过三巡，秦穆公开始向由余询问戎族的地形和军事实力。由余见秦穆公如此盛情款待，便把戎族的情况一一详述给秦穆公。宴罢，秦穆公又命令内史王廖选了十六名歌伎送给戎王，戎王欣然接受，十分高兴，从此沉迷女乐不理政事，一年都不顾游牧迁徙之事，导致牧草枯竭，牛马死了一半。

秦穆公见时机已经成熟，这才放由余回国，由余见戎王玩物丧志，再不复当年英主模样，急得多次进谏，可是戎王任何忠言都听不进去，这使由余十分气愤无奈。秦穆公得知戎王与由余君臣二人已生嫌隙，便数次派人秘密邀请由余来秦国，由余知道戎王已经无可救药，自己在戎地也不会再有什么作为，于是离开戎族，归顺了

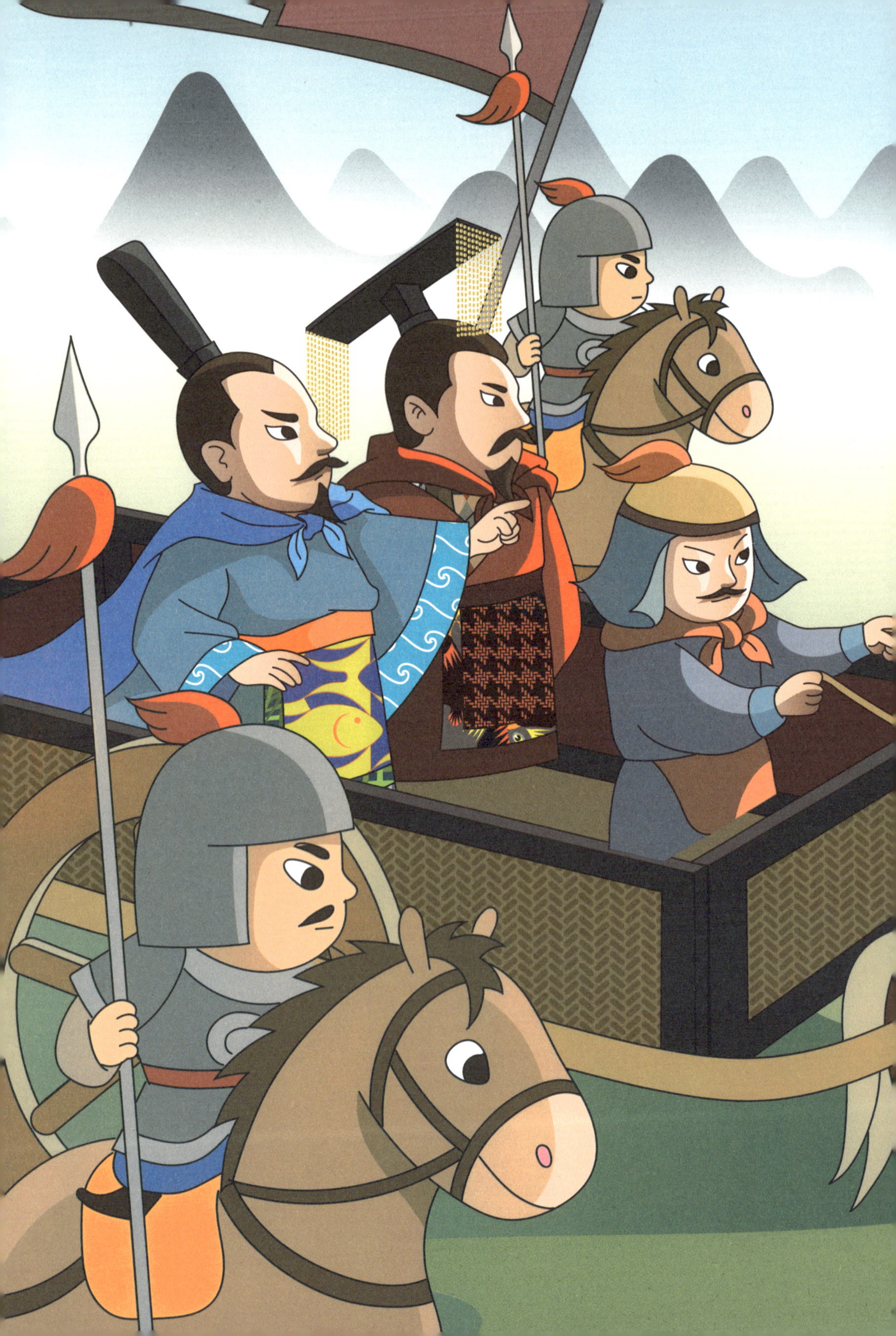

秦国。秦穆公见由余来归十分高兴，以宾客之礼极尽礼遇，并且就进攻戎族之事咨询由余。

戎王已经壮志消磨，终日沉迷于逸乐，秦穆公去了心腹之患，便派遣孟明视等人率军进攻晋国，秦军渡过黄河以后就将过河用的渡船付之一炬，以示不胜晋军绝不复回之意。有了这样破釜沉舟的勇气，又不再有后顾之忧，秦军果然将晋军打得大败。

大胜晋军之后，秦穆公又挟大军之威攻打了西方的戎族，增加了十二个属国，开辟了千里疆土，终于在西戎地区成了一代霸主。周天子还派了召公过带着钲、鼓等指挥军队作战的器物到秦国去赐给秦穆公，作为他打败戎族的贺礼。

知识库

孟明视：姜姓，百里氏，名视，字孟明，史称孟明视，虞国（今山西平陆）人。春秋时期秦国将领，秦国相国百里奚的儿子。秦国打败了中原霸主晋国，称霸西戎，这都与孟明视有着一定的关系。

从"废物"到一代霸主

楚穆王去世以后，楚庄王即位。他是春秋时期继齐桓公和晋文公之后的一位新霸主。

楚庄王即位之初，晋国趁着楚人国丧，拉拢原本依附于楚国的国家，与多个国家订立盟约，重新坐上了盟主的位置。面对这一情况，楚庄王并没有去与晋国一争高下，而是过起了骄奢淫逸的生活，连续三年不理政事，不出号令，整日寻欢作乐。

他十分讨厌大臣进谏，下令："敢前来劝谏者，死！"后来，有个叫伍举的大夫看不惯君王所为，冒死前来劝谏。他问庄王："有鸟在于阜，三年不飞不鸣，是何鸟也？"楚庄王听出他是来劝谏的，却并没有发作，只是告诉他："三年不飞，飞将冲天；三年不鸣，鸣将惊人。"

但是，出人意料的是，接下来的几个月，楚庄王依然如故，没有作出丝毫改变，甚至更加过分地耽于享乐。这时，另一个大夫苏从忍不住前来劝谏。他做好了被处死的准备，只求"杀身以明君"，却没想到楚庄王这次听从了他的建议，马上着手整顿内政。他罢免了一批无能的营私之辈，提拔了一批忠君爱民的官吏，伍举、苏从

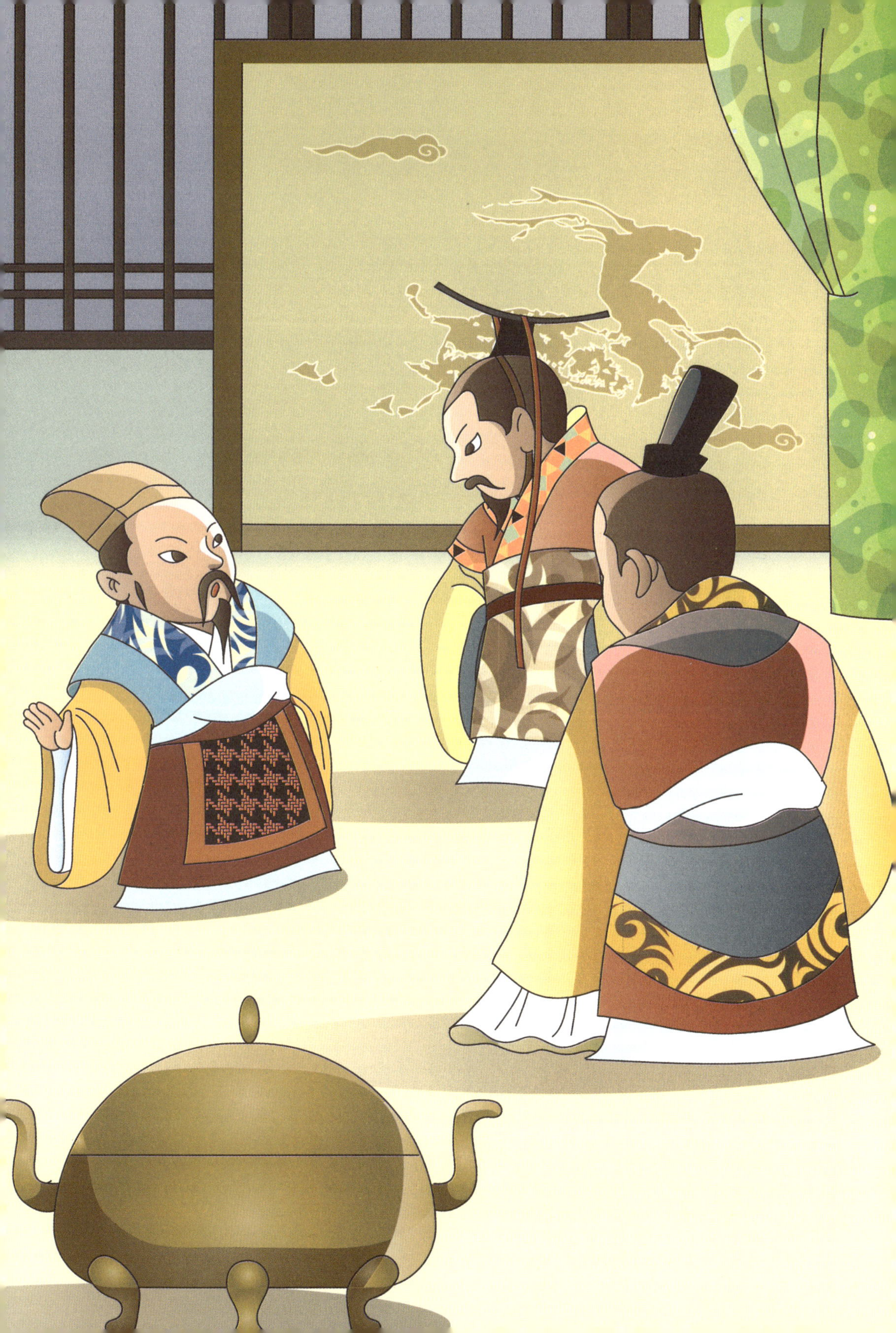

也在提拔之列。

即位之初，楚庄王之所以不问政事，沉湎酒色，并不是一味淫乐，而是借酒色的外衣伪装自己，在静默中观察着周围的一切。帝王昏庸时，小人的丑恶面目更容易暴露出来。他借着淫乐辨明忠奸，为"一飞冲天"做足了准备。接着，这位雄心勃勃的国君就开始了他对外称霸的旅程。这时候，孙叔敖登上了楚国的政治舞台。

孙叔敖是个很有才干和魄力的人，他治理楚国期间，一方面施行以教化为主、刑罚为辅的治国模式，"施教导民，上下和合"，另一方面又"奉职循理，恤人体国"。《吕氏春秋》中有"荆王于是使人以王舆迎叔敖，以为令尹，十二年而庄王霸"的记载，由此足见孙叔敖在治国方面的卓越能力。

在他的治理下，楚国人民生活安定，国势也越来越强大。"不鸣则已，一鸣惊人"的楚庄王很快便坐上了霸主的宝座。

知识库

伍举：春秋时楚国大夫。因封于椒（在今安徽阜南境内），又称椒举。伍子胥的爷爷。伍举曾经因为避祸而逃到晋国，遇到好友声子，声子答应帮他回到楚国，于是到楚国对令尹子木说，从楚国跑到晋国的人都得到重用，这对楚国十分不利。子木认为有理，就去晋国接回了伍举。

伍子胥因忠而死

吴王夫差战胜越王勾践之后,吴国开始积极寻求称霸中原,逐渐忽视了对越国的防备。此时的吴国只有一个人清醒地认识到越国的危险地位,并时刻劝谏吴王夫差要提防小心,这个人就是伍子胥。

在越国请降之初,伍子胥就以少康复国的故事劝谏吴王夫差不要接受,而要借此机会消灭越国,但是夫差并没有听从伍子胥的意见。在夫差准备起兵征齐之时,伍子胥进谏说:"现在越国对于吴国来说,是心腹之患;而齐国对于吴国来说,只是疥癣之疾。如果大王不顾心腹之患的越国,而去攻打齐国,这对于吴国来说是很危险的。"吴王夫

差不听，率大军与齐军战于艾陵，大败齐军。

吴王得胜归来后，越王勾践率群臣来向吴王祝贺，并献上许多礼品。吴王夫差很高兴，但伍子胥十分担忧地对吴王说道："越国是我们身边最危险的敌人，现在大王被他们的花言巧语所骗，只顾与遥远的齐国征战。对于吴国来说，即使打败了齐国，也并没有什么用处啊！请您多多关注越国，不要一心征讨齐国，否则日后只怕悔也来不及了。"然而，现在的吴王根本听不进去伍子胥的话，仍旧自行其是。

此时的吴国，在逐鹿中原的同时，国内政局日益腐化，外强中干。越国的大夫文种便对越王勾践说："吴国现在国势渐衰，吴王也越来越骄奢淫逸，我们不妨向吴国借一次粮来试探吴国的态度。"于是勾践便派人去向吴国借粮食，虽然伍子胥竭力劝阻，但吴王夫差还是同意了借粮给越国，而且对于伍子胥总是反对自己的意见也越来越不满意。

此事过后，伍子胥痛心地说："大王不听我的良言规劝，只怕三年以后吴国就会被越国夷为平地了。"收受越国贿赂的佞臣伯嚭听到伍子胥的这番话后，就趁机向吴王夫差说伍子胥的坏话。

起初，吴王夫差并不相信伍子胥会犯上作乱，于是便派伍子胥出使齐国，一探究竟。伍子胥因为预见了吴国将会灭亡，于是将自己的儿子也带到了齐国，并对儿子说："我屡次劝谏大王，都没有被采信，现在吴国的末日即将到来，你就留在齐国吧，不要同吴国一道灭亡。"于是伍子胥把儿子托付给了齐国的鲍氏，然后独身回

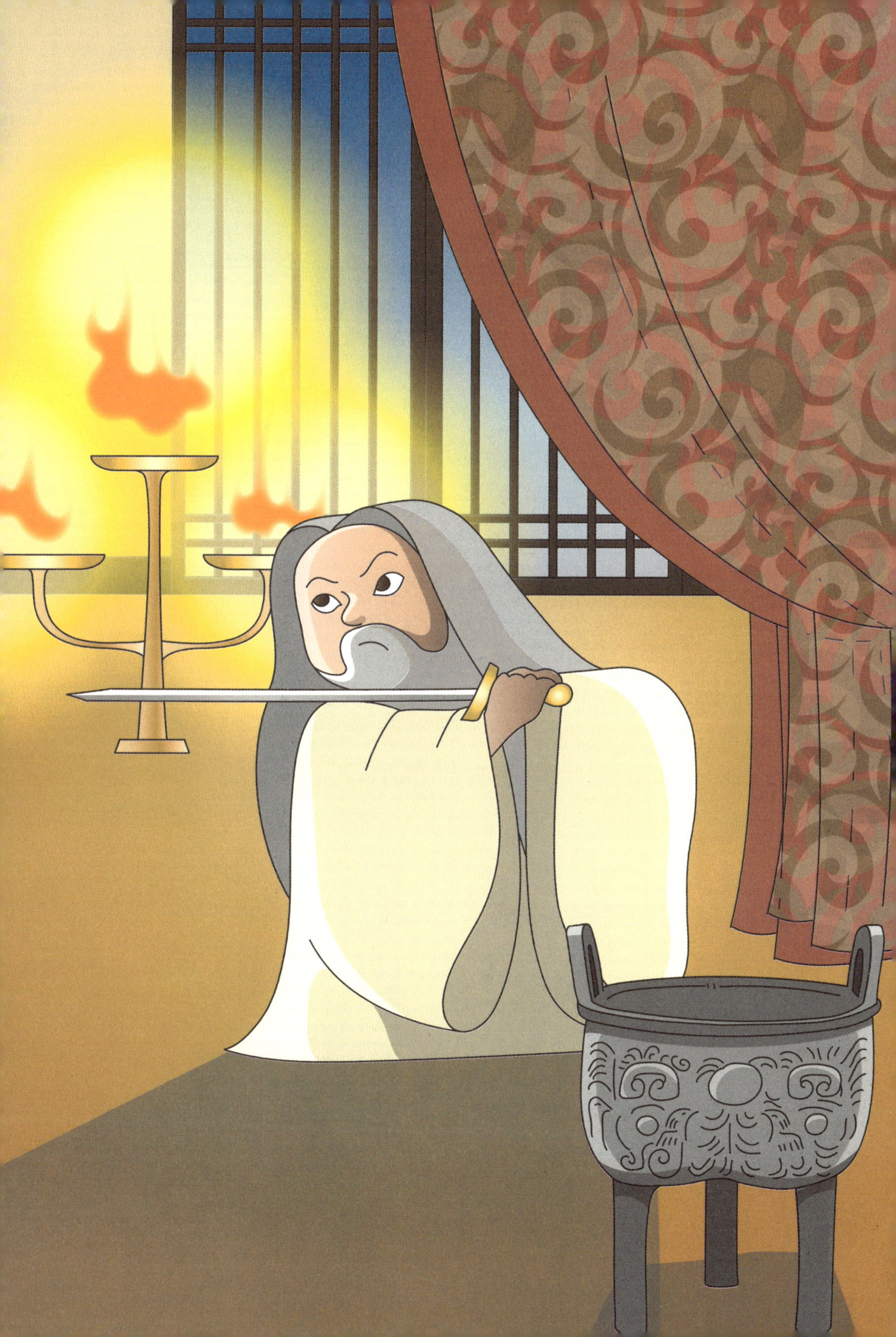

到吴国，向吴王汇报齐国的情况。

吴王夫差知道了这件事之后，非常愤怒。伯嚭趁机再进谗言："伍子胥出使齐国，却把儿子留在了齐国，这是十分危险的信号。他身为大王的臣子，在国内不得重用就投靠国外的势力，还自认为是先王的谋臣，抱怨大王不重用他，我看伍子胥以后一定会作乱，愿大王提早提防。"吴王夫差也怒气冲冲地说："你不说这番话，我也怀疑他。"于是派人给伍子胥送去了属镂剑，命他自杀。伍子胥接到吴王送来的剑之后，仰天长叹，自刎而亡。

知识库

伯嚭：父亲郤宛被楚国令尹子常所杀，伯嚭逃难到吴国，得到吴王宠信。伯嚭好大喜功，贪财好色，为一己私利而不顾国家安危，内残忠臣，外通敌国。越灭吴后为越王勾践所杀。

飞鸟尽，良弓藏

越王勾践灭掉吴国，稳定越国朝局之后，便要求范蠡、文种继续帮他完成称霸中原的伟业。范蠡早已看出越王勾践可以共患难，却难以共安乐，于是不辞而别，带着家人从海路逃到齐国，改名换姓，再创家业。

范蠡头脑聪明无比，他经营有方，不长时间，便富甲一方。齐王听说了他的才能，便任他为相。范蠡的想法出乎所有人的意料，他忧心地说："治家能积累千金，居官能升至将相。若不思退，凶险马上就会降临。"范蠡退回了相印，又散尽家财来到陶邑。

范蠡认为陶邑位于天下的中心，四通八达，正是交易的好地方，他于是以经商为业，求取利润。没用多久他就又积聚了巨万资财，成了当地首富，号称"陶朱公"。

范蠡在离开越国之前，曾经找过文种。范蠡对文种说："越王将来是会诛杀你的，你也应该随我一样，及时退隐。"但是文种不以为然，不相信越王会杀他。后来，范蠡还写信给文种，跟他讲："飞鸟射杀完了，好弓就要被收起来；狡猾的兔子猎杀光了，猎狗也就要被烹杀了。越王的脖子很长，嘴尖得跟鸟嘴一样，如此相貌只能够共患难，而不可以共享乐，你为什么还不离开呢？"但不管范蠡如何苦口婆心，文种都不听。

自从范蠡不辞而别以后，一批以前的越国旧臣也纷纷离开朝堂，留下的大多也渐渐疏远勾践，文种见形势不好，便也常常称病不朝，怠慢朝政。果然，有人向勾践进谗言说大夫文种功高盖主、傲慢无礼，暗地里结党营私、意图谋反。

尽管文种向勾践百般解释，但是勾践却一直不信任文种，终于有一天越王勾践将一把宝剑赐给文种，命令道："你曾经教给寡人七种打败吴国的计策，寡人只用了其中三种就攻下了吴国，你就带着剩下的四种计策去替死去的先王出谋划策吧！"文种此时方才醒悟范蠡的劝告，但为时已晚。文种只能对天哀叹道："身为楚国南阳之宰，终为越王之罪囚，后世忠良，定要以我为鉴啊！"言毕，愤然持剑自尽。

范蠡深知"飞鸟尽，良弓藏；狡兔死，走狗烹"的道理，所以功名加身之时，就能够急流勇退，果断舍弃那些不能长期拥有的身外之物，从而保住了自己的性命，过得从容洒脱，这也正是范蠡高人一等的谋略。而大夫文种不听范蠡的劝告，贪恋权位，对越王勾践的残忍和胸怀认识不足，最后落得赐剑自刎。

知识库

陶邑：今山东省菏泽市定陶区。春秋战国社会大变革，商品经济空前活跃，陶邑的区位交通优势使得这一地区迅速发展成为各国商品交易的中心城市，司马迁誉之"天下之中"。

千古奇谋成就齐国

周显王十五年（前354年），魏国上将军庞涓率领魏武卒攻打赵国。赵国形势危急，于是向齐国求救。此前，虽未经过会盟，但魏国已隐隐有了霸主的地位，若任由庞涓这么打下去，万一将赵国吞灭，再整顿兵马收服韩国，重复当年三晋合一的盛况，那么齐国也就不用再做统一天下的大梦了，直接向魏国俯首称臣算了。

所以齐国这次必须出兵救赵，问题在于该选谁作为此次出征的主将。齐威王想到了孙膑，他是"兵圣"孙武子的后代，家学渊源，相信有他出战，定然能够狠狠地教训魏国人。

不过孙膑却推掉了主将一职，他说："我是受过刑的废人，如何能做主帅？"齐威王无奈，只好命田忌挂帅出征，而孙膑做了田忌的军师。主帅田忌想要驱兵入赵，寻上庞涓率领的魏武卒主力一决雌雄。但是他的想法被孙膑否定了："丝线缠作一团，想要解开它，就不能不顾头尾，胡乱撕扯；两伙人打起架来，想要止戈劝和，就不能跃上战场亲身搏斗，这只会使事情越来越乱。假如能够找到纷繁乱象背后的要旨，再认清和控制形势，自然而然就能将矛盾解除，达到我们的目的。如今庞涓率领魏军的精锐苦战在外，那么留在魏

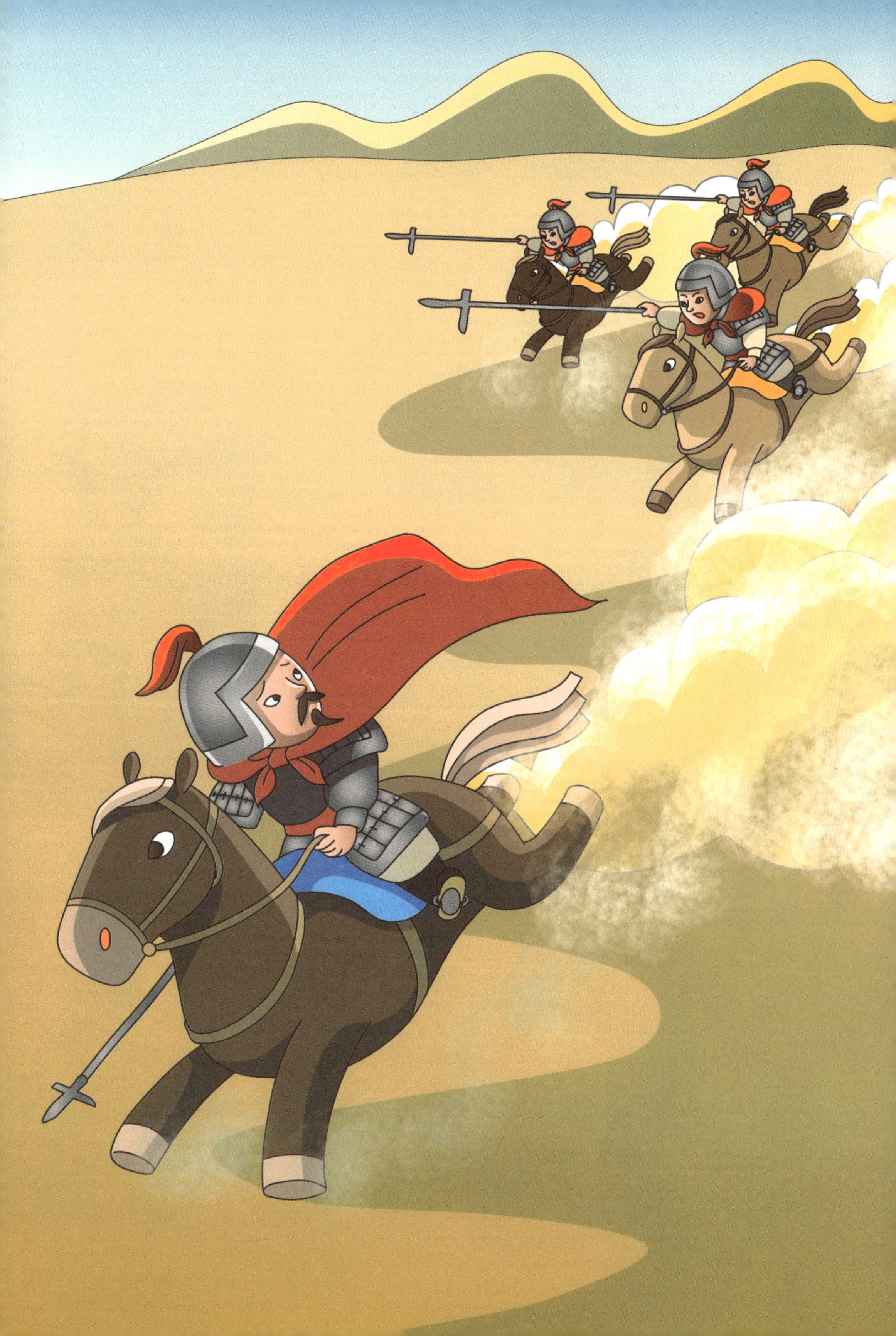

国的大梁城戍守的必然都是些老弱病残。我们不如批亢捣虚，迅速挺进大梁，同时派人北上，将大梁被围的消息说给庞涓听，那么他必然放弃攻打赵国而回兵自救，如此不就解了赵国之围？"

孙膑的做法和象棋中的以攻对攻的路数是十分相似的。只不过下象棋时是"先下手为强"，快上一步就能够取得主动，把对方将死。而齐、魏之间的斗争却是"后发先至"——相较于魏国攻打赵国的国都邯郸，齐军围困魏国的都城大梁明显在行动上落后于魏军。后来者占据主动，因为齐国是博弈双方（赵、魏）之外的第三国。

孙膑的做法不仅是聪明的做法，还是唯一能够取胜的做法。若按照田忌所想，驱兵入赵，那么齐军长途奔袭，到达邯郸城外时必定已是疲惫不堪，而赵军由于困城日久，也不是生力之军。这时候，齐、赵虽能够夹击魏军于城下，但他们要面对的可是吴起一手训练出来，几十年未尝败绩的魏武卒，那时鹿死谁手也就难以知晓了。

进军大梁则不然，"攻守之势异也"，变成了齐军以逸待劳，而魏军则是劳师远征。有心算无心，有准备对没准备或少准备，魏军定然会吃败仗。

果然，这一切全让孙膑给算中了。风风火火赶回来的魏军，在通往大梁城的必经之地桂陵遭遇了齐军的伏击，溃不成军，庞涓被擒。

知识库

孙膑：山东孙氏族谱称其为孙伯灵，出生于阿、鄄之间（今山东鄄城北），战国时期齐国军事家。辅佐齐国大将田忌取得了桂陵之战和马陵之战的胜利，奠定了齐国的霸业。

伤屈原最深的昏君

屈原与楚王同姓，名平，官拜左徒。屈原熟悉外交，待人接物礼貌周到，辞藻华丽更令他国使者折服，称得上是楚国的金字招牌。楚怀王很倚重屈原，国内外的大事小事都交由他处理，甚至让他制定法令。

商鞅也曾制定法令，他能取得成功是因为有秦孝公的支持。屈原不如商鞅幸运，因为楚怀王没有秦孝公的才干。制定法令是国家大事，上官大夫不甘心由屈原完全把控，为了自己的利益，上官大夫在屈原草拟完法令后，使阴谋诡计想占为己有，但行动的结果却不如所愿。

一计不成又生一计，他对楚怀王说，屈原自恃才华，在外不断宣称只有他能制定楚国的法令。楚怀王也是个嫉妒贤能之人，听上官大夫如此说，嫉妒心大起，于是渐渐疏远了屈原。

司马迁对屈原被疏远，大抒不平之情："屈平疾王听之不聪也，谗谄之蔽明也，邪曲之害公也，方正之不容也，故忧愁幽思而作《离骚》……信而见疑，忠而被谤，能无怨乎？屈平之作《离骚》，盖自怨生也……"

屈原被疑,心生怨愤,又无知己可诉,不禁写下《离骚》这等千古绝唱。

《离骚》留给后人的,有对人生的坚持不懈,如"路漫漫其修远兮,吾将上下而求索";有对人民生活艰难的怜惜,如"长太息以掩涕兮,哀民生之多艰";有对祖国、宗庙的忠诚,如"指九天

以为正兮，夫唯灵修之故也"。简言之，文如其人，从《离骚》能够窥探屈原的品行。

宋人陆游说："离骚未尽灵均恨，志士千秋泪满裳。"可见《离骚》的基调是痛苦的。

清人刘熙载在《艺概·文概》中说："学《离骚》得其情者太史公，得其辞者为司马长卿。"意思是说，司马迁深深体悟到《离骚》之韵里的悲痛，并在自己的文章里体现出来。

文学的目的在于表达情志，如果没有情志，无论言辞多美，最终都不能流传久远。《离骚》和《史记》能够流传久远，全因其中情志真切。

知识库

屈原：战国时期楚国诗人、政治家。楚国丹阳秭归（今湖北秭归）人，楚武王熊通之子屈瑕的后代。楚国郢都被秦军攻破后，屈原怀着绝望的心情，自沉于汨罗江。

冯谖是个战略家

冯谖慕孟尝君招贤之名,前往投奔。来投奔的冯谖穿着一双草鞋,因此被很多人看低。那时孟尝君府上的食客,已经有很多成名的人物。冯谖无名无势只有一把破剑,孟尝君问他:"你远道而来,对我有什么指教吗?""听说你乐于养士,我穷得揭不开锅,只想混口饭吃。"

见冯谖如此说,孟尝君不再多问,安排冯谖住在下等住房。由于人员庞杂,为方便管理也为激发食客的进取心,孟尝君府上将他们的待遇分上、中、下三等。冯谖住在下等住房,受到的待遇自然是下等的,例如吃饭没鱼。

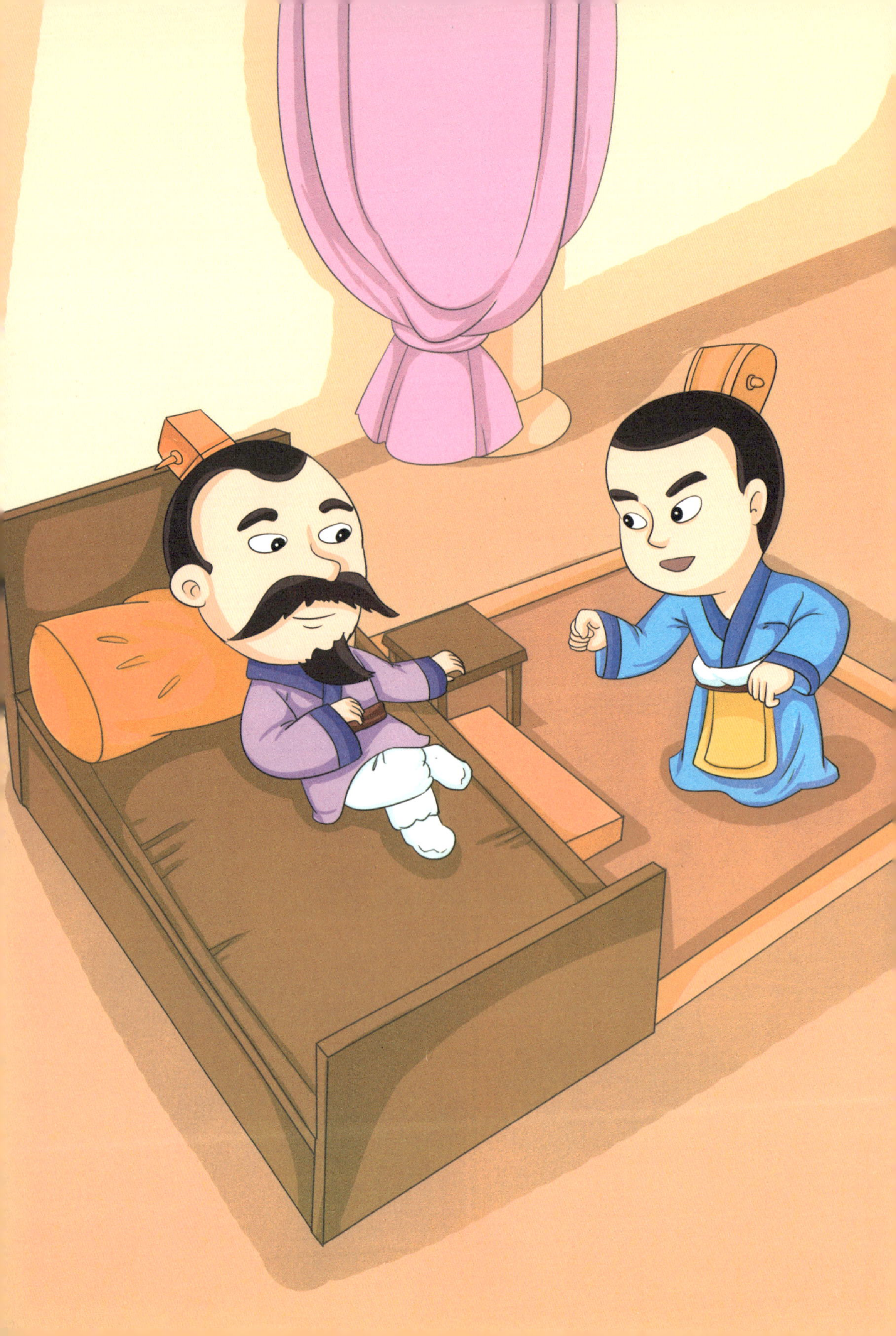

冯谖有一把佩剑，但是没有剑鞘，而是用一根草绳缠着剑柄。每天吃完饭，冯谖就击剑而唱："长铗归来乎，食无鱼！"意思是，长剑呀，我们还是回家吧，吃饭都没鱼。

听闻此，孟尝君命人将冯谖迁到中等食客的住所里，吃饭有鱼了。但是，冯谖还是弹剑而歌，高声大唱："长铗归来乎，出无车！"

孟尝君又安排冯谖到上等食客的住所，出入有马车接送。然而，冯谖还是同样弹剑而歌，高声大唱："长铗归来乎，无以为家！"

冯谖天天乱唱，不仅其他食客听厌了，连孟尝君也心烦了，不再管他。

孟尝君府上养了三千多人，尽管他有万户封邑，但是收上来的赋税仍然不够供养这么多人，于是就放高利贷。但是一年多过去了，还没收回息钱，想到三千多人的衣食，孟尝君忧心忡忡。

有人告诉孟尝君，上等客房里的冯谖是长者，精明且办事稳重，是收债的最佳人选，孟尝君便让冯谖前去收债。接到任务后，冯谖也不多说，告别孟尝君径直前往薛地。

驱车到了薛地，冯谖派人召集应该还债的人，让他们都带上债券，一一核验之后，凡有能力偿还息钱的，他就定下期限，对无力偿还息钱的，冯谖即收回债券烧毁。而且他还假传孟尝君的命令，为无力还款的百姓免去了债务。最后，冯谖强调："有君如此，岂可负哉！"众人听后，深受感动，纷纷跪倒，拜了两拜。

听说此事后，孟尝君大怒，厉声责备冯谖。冯谖说，对于有能力的人，只要给予一个期限，他们一定还。对于没有能力的，即使给他们十年，他们还是还不上。如果百姓还不上，孟尝君又催逼，他们只有逃亡的路可走。如果百姓纷纷逃亡，天下人会说孟尝君刻薄，容不下百姓，这有损孟尝君的声誉。既然百姓还不上，为什么不免除他们的债务，这还可以树立好名声。

过了一年，孟尝君被齐王猜忌，不得不回到自己的封地。距薛地还有一百多里路，百姓扶老携幼，早已在路上迎接他了。孟尝君回头对冯谖说："先生为我买的名声，我今天算是看到了。"

知识库

薛地：原为夏、商、周时东方的一个诸侯国薛国，存世长达1500多年。在今山东枣庄西北的官桥镇和张汪镇之间。传说是炎帝后裔。亡国后，其地成为齐国田氏的封地。

田单的绝地反击

燕王哙被朝臣欺蒙,贸然将国家禅让给相国子之,最终引发内乱。当燕国发生内乱之际,齐国趁机发兵入侵。

赵国见齐国捞到便宜,欲分一杯羹,于是保护在韩国当人质的燕王哙庶子公子职回燕国继位,这就是燕昭王。燕昭王继位后,立志报复齐国,一雪前耻。但是,当时的齐国是东方霸主,连秦国都不敢贸然进攻齐国,何况是刚刚遭受战乱,还没恢复的燕国。

继位后不久,燕昭王修建黄金台大举招纳贤才,于是名将剧辛从赵国来,阴阳家邹衍从齐国来,军事家乐毅从魏国来……一时间可谓人才济济。有了这些当世之才的辅佐,燕昭王雄心大起,决定先吞并齐国,紧接着称霸天下,于是命令乐毅攻打齐国。

乐毅答应出军,但是他提了一个条件:联合其他诸侯国。乐毅的意思是,尽管齐国衰败了,但"百足之虫,死而不僵",它的根基还很深厚,仅凭燕国的力量不一定能够彻底占领齐国。

燕昭王觉得有理,于是派人联合楚国和魏国。乐毅曾经是赵国的名将,很得赵国器重。赵惠文王不仅答应将军队交给乐毅,还用占领齐国之后的利益诱劝秦国出兵。经过一番努力,乐毅率领燕、赵、

楚、韩、魏五国军队，浩浩荡荡地向齐国进发。

在乐毅带领的精锐之师的扫荡下，齐国的大部分地区都沦陷了，只剩莒、即墨这两座城池。此时的即墨，已经被燕军围困了三年，在这三年里，田单开展攻心术，将即墨城中的百姓紧紧地拴在对祖先的情感上。同时，田单还使用离间计挑拨乐毅与燕昭王的关系。

燕昭王并没有听信谗言，为了给予乐毅支持与鼓励，他举办了一次规模盛大的酒宴，参加的人有文武百官和各国使节。在酒宴上，燕昭王当众责备进谗中伤乐毅的人，而后一声令下将他们斩了。

事后，燕昭王将王后的服装送给乐毅的夫人，将太子的服装送给乐毅的儿子，又命相国远赴前线，宣读封乐毅为齐王的诏书。乐毅感激涕零，却不肯接受。可惜，好景不长，两年后，燕昭王死了，与乐毅不和睦的燕惠王继位。

田单抓住时机，又一次使用离间计，挑拨燕惠王与乐毅的关系。此次进谗中伤的内容与上次一样，不同的是，燕昭王不信，燕惠王却相信了。受到燕惠王怀疑的乐毅不敢再回燕国，而是径直向赵国进发。之后，燕惠王任命骑劫代替乐毅为将。就在这个时候，田单派人到燕军营中，商量投降一事。

大将军乐毅攻了五年，即墨城固若金汤，毫无结果。骑劫刚刚上任，即墨就喊投降，燕军万分高兴。在约定的时间和地点，骑劫优哉游哉地等待田单的投降。但是他等来的不是降军而是即墨城中突然冲出的一千多头五彩斑斓的怪物，这些怪物的身上还燃着烈火。

光是这些怪物就很骇人了，谁又会想得到在这些怪物身后，竟

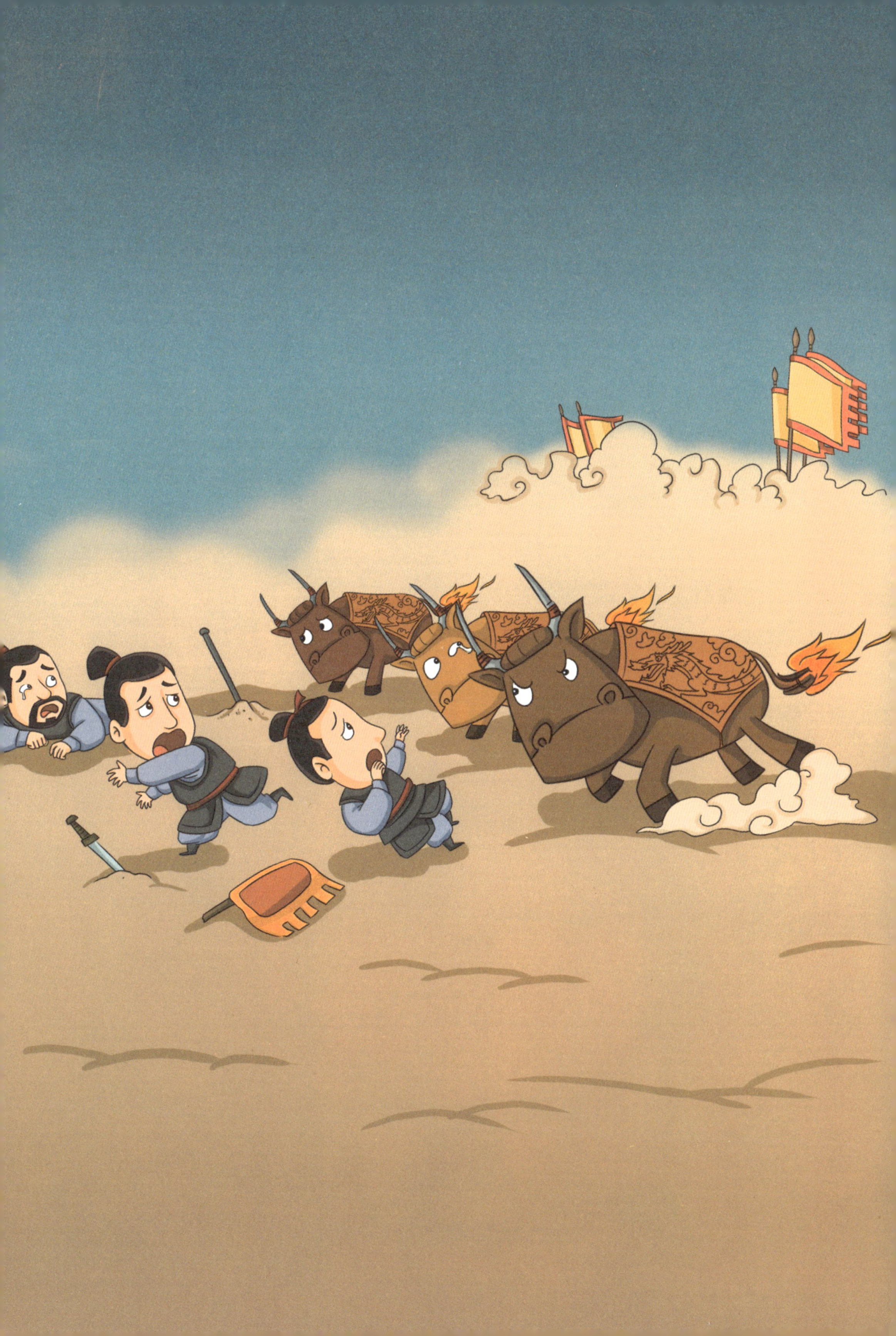

然还有五千多个身材魁梧,手持大刀的汉子。这些燃着烈火的怪物不是神物,而是又高又大的牛。群牛被烈火烧得疼痛,发狂般朝燕军大营急冲。骑劫没有能力迅速组织战阵,最后死在乱军之中。

没有大将带领,燕军就如乌合之众,片刻间就被驱逐出齐国疆界。田单收回了被燕军占领的七十余城后,前往莒城迎接齐襄王回临淄。

知识库

即墨:地名,现在是山东省青岛市辖区。这一地区最早出现的国家为夷国。商代时称为"夷方"或"人方",周武王灭商后,夷方归附周朝,被武王正式封为诸侯。夷国古城址在今即墨区蓝村街道古城村。

一代雄主活活饿死

赵武灵王二十五年（前301年），赵武灵王深爱的吴娃去世。赵武灵王答应吴娃，让她生的小儿子赵何当太子，并且派大将赵袑辅助赵何。

赵武灵王二十七年（前299年）五月，赵武灵王召开朝会，宣布传位给赵何，他退居幕后，自称主父，一心研究军事。拜祭祖庙后，赵何坐上国君的宝座，人称赵惠文王，忠义的肥义被擢升为相国。

为了吴娃，赵武灵王无缘无故地废除赵章的太子之位，又提前让位给年幼的赵何，已经为国家的发展埋下了隐患。那时的赵武灵王将全部精力放在对外战略上，没留心国内局势，也没注意赵章与赵何的微妙关系。

传位给赵何后，赵武灵王带领大夫们巡视胡地，想从云中、九原出军，向南偷袭秦国。但是，秦国太强大了，赵武灵王不敢贸然出军，他想先到秦国探查一番。赵武灵王乔装入秦，面见秦昭襄王，"秦昭王不知，已而怪其状甚伟，非人臣之度，使人逐之，而主父驰已脱关矣"。这话的意思是，无论怎样装扮，赵武灵王都不像人臣。他有一种伟岸得像国君的风度，秦昭襄王觉得很奇怪。

赵武灵王不仅想看秦国的地形，更想看看秦昭襄王这个人。他认为，只要看到秦昭襄王，就能了解秦昭襄王；一旦了解秦昭襄王，就有对付秦国的办法。

从秦国回来，赵武灵王顺道巡视新占领的土地。由代郡向西，赵武灵王遇上了楼烦王。楼烦王很识相，归附了赵国。第二年，赵武灵王向中山国发动攻击。在赵国历时十一年的打击下，中山国终于承受不住，归附赵国。

中山国被灭亡后，赵武灵王大赦天下，封赏有功之人。赵章被封为安阳君，封地是代郡。代郡拥有赵国的大部分军事力量，是一块难以管理的地方。使情况更为恶化的是，赵武灵王竟然让奸诈的田不礼辅佐赵章。

《史记》记载，"章素侈，心不服其弟所立"，再加上田不礼的煽风点火，赵章更觉得王位应该是他的。赵章是久经沙场的将军，于是就想起兵造反。恰好赵武灵王和赵惠文王巡游到沙丘，分住两处宫室。赵章就诈传赵武灵王的命令，召来赵惠文王。

肥义知道其中有诈，代替赵惠文王先去，被杀。公子成和李兑从邯郸赶来平乱，发四邑

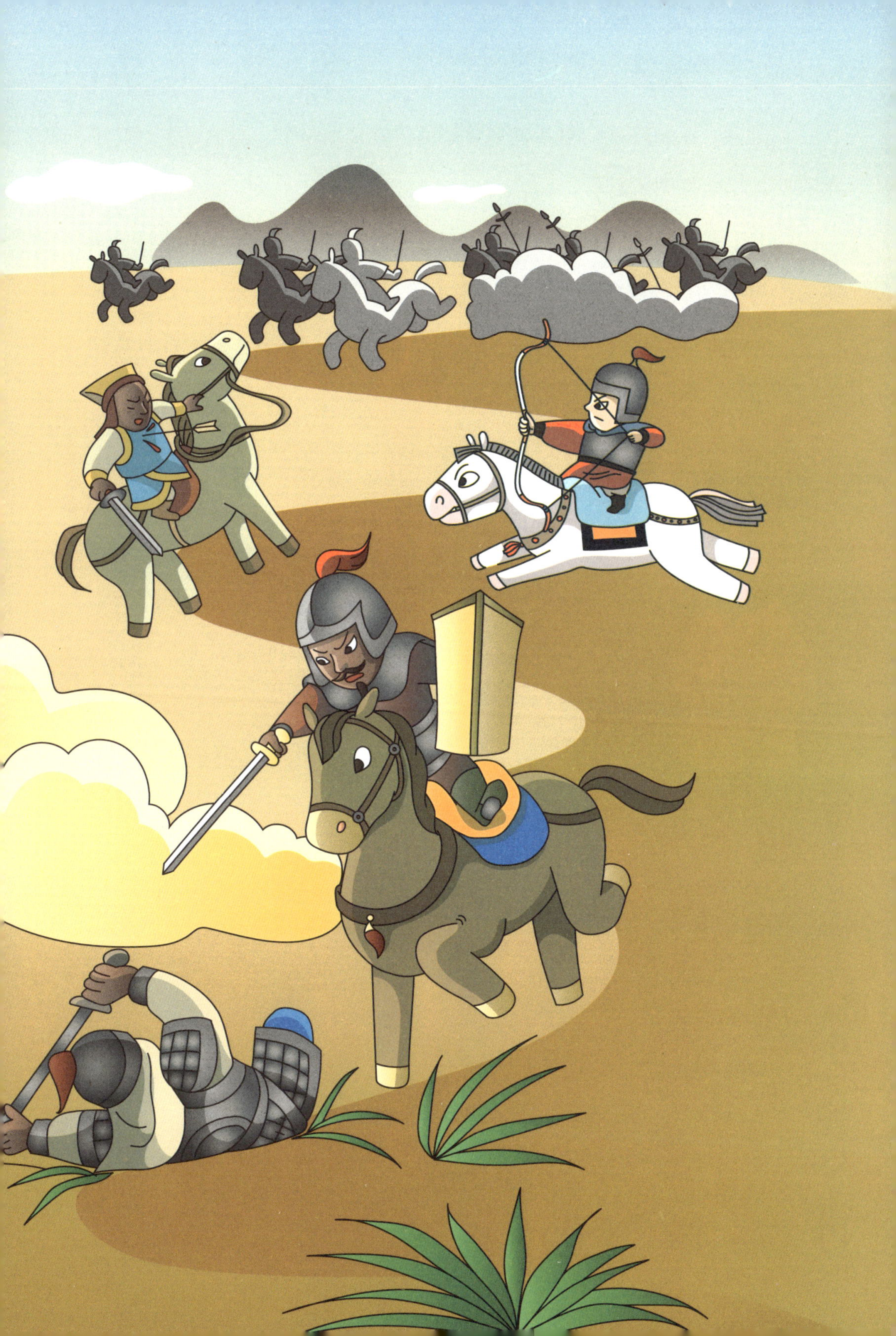

之兵，杀田不礼。赵章逃到父亲的行宫请求避难，赵武灵王念父子之情，接纳了赵章。

公子成和李兑接到命令带着部队赶来，杀了公子章。不过公子成和李兑害怕赵武灵王对他们俩进行报复，甚至灭族，只好一不做二不休，继续围困。经过三个多月的围困，赵武灵王已经没有食物充饥，最终被活活饿死。

> 知识库
>
> 沙丘宫：遗址位于今河北广宗县大平台村南。《广宗县志》称，广宗县境内地势平衍，土壤概系沙质，到处堆积成丘，因此古时称为沙丘。

蔺相如让秦王颜面扫地

秦昭襄王二十八年（前279年），秦王派使者到赵国约赵王在西河外的渑池相会，商议两国的修好事宜。赵王担心此次若去赴约，会像昔日楚怀王那样被秦国扣留，最后落得个客死异乡的下场。因此，赵王不得不慎重考虑此事。

有人向赵王进言道："秦王约您相会渑池，大王去，则可保国威不失，大王不去，就显得赵国弱小而胆怯，还是去好。"蔺相如也请命于赵王，请求与他一同相会秦王。文武众臣皆建议赵王前行，赵王自然不好再犹豫。

等到赵王和蔺相如走到赵国边境，赵王又担心起来：如果秦军趁机进攻赵国，而赵国又群龙无首，如何是好？

送行的廉颇早就想到了这一点，遂向赵王进言道："此次大王去渑池，据臣下估计，路上来回的行程，加上渑池会议的时间，前后不会超过三十天。若大王三十天后仍未返回，还请允许臣等立太子为王，以断绝秦国扣留大王要挟赵国的念头，也避免赵国因群龙无首而生乱事的危险。"

赵王听闻，深感有理，所以他命令廉颇做好准备，主持好赵国的军事，防止秦军的攻击。廉颇就此驻守在赵国边境，同时命令赵国其他地方的军队迅速来援，共同守卫赵国的门户。此外，廉颇还建议，派遣数千士兵随行，还派遣军队在渑池三十里之外驻扎，以防赵王遭遇不测。然而，究竟派遣何人率领那数千士兵，成了一个难题。这时候，赵王之弟，平原君赵胜提出，可以选赵奢为将。

赵王同意了平原君的举荐，任命赵奢为中军大夫，领五千精兵随同赵王、蔺相如等人，共同赴渑池之约。

及至渑池，秦王作为本次秦赵两国君王相会的东道主，自然是热情非凡，特别是赵王初到时，秦王还以国礼接待他，这让赵王不禁在心里泛起嘀咕，不知秦王是何意。

蔺相如看得清楚，秦王虽然在表面上对赵国以礼相待，但是在骨子里，却透着对赵国的一种蔑视。此时的秦国对赵国不过是表面敷衍，秦王之所以主动与赵国请和，不过是缓兵之计。赵王听完蔺相如的分析，如醍醐灌顶，在与秦王推杯换盏、谈笑风生之时，心中不免生出警惕之意。

这时秦王对赵王说道："本王听说，赵王您喜欢弹瑟，恰好本王这里有瑟，赵王何不弹奏一曲，以助酒兴？"赵王闻言，面有难色，因为赵王若为秦王弹奏，就代表着赵王自认地位低于秦王，这岂不是自取其辱？可如果不从，则会落人口实，说赵王无理在先。

无奈之下，赵王只好随意弹了一曲。可是秦王并没有就此罢休，他竟让侍从史官在秦国史书上记上：某年某月某日，秦王和赵王在渑池宴会，赵王为秦王弹瑟一曲。

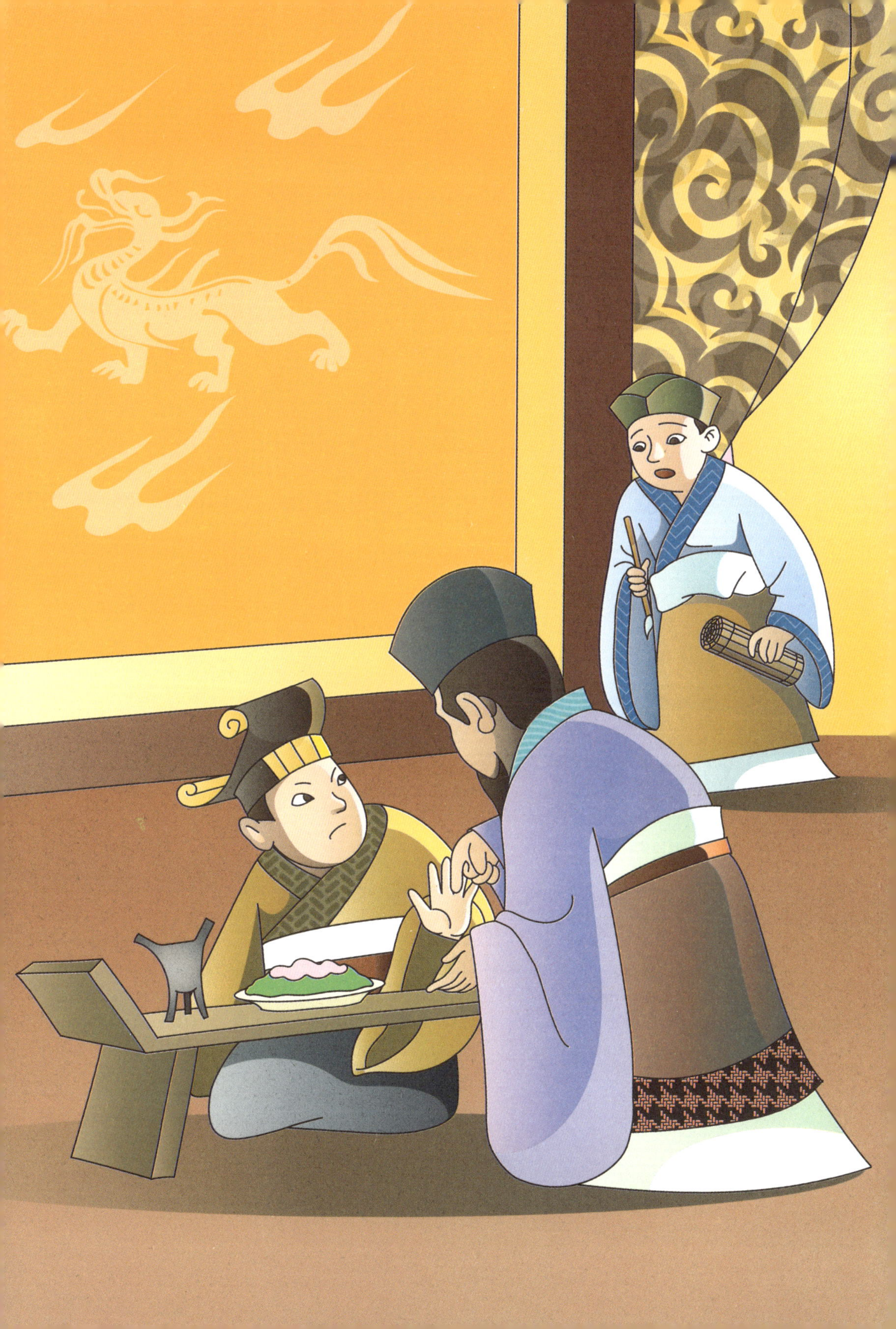

蔺相如见此，上前对秦王说道："赵王一曲，如天籁之音，然而，瑟声虽好，却苦于无人应和。赵王听说秦王您擅长击缶，恰好这里有个缶，还请秦王不要吝啬，击缶为大家助兴。我想，这里人虽众多，却只有秦王可以有资格和赵王相和。"

见秦王面露不悦之色，其大臣也生出愤怒之情，蔺相如索性一不做二不休，直接将缶端过去，献给秦王，并说道："壮士一怒，血溅五步，现在我离大王只有五步的距离，如果大王答应击缶之事，则大家相安无事，如果大王不答应，蔺相如贱命一条，拼着一死，也要溅你一身血。"

秦王只好勉强在缶上敲了几下。蔺相如见状，叫来赵国的侍从史官，让他在赵国的史书上记上一笔：某年某月某日，赵王和秦王于渑池宴会，赵王命秦王敲缶助兴，秦王欣然从之。

秦王见此，心中郁闷不已。

知识库

蔺相如：蔺相如原为宦者令缪贤的门客。赵王曾得到和氏璧，秦王愿以十五个城池换取。赵王想找一个能派到秦国去回复的使者，宦者令缪贤便向赵王举荐了蔺相如。蔺相如奉命带和氏璧来到秦国，机智周旋，终于完璧归赵。

让匈奴颤抖的传奇将军

早在赵惠文王时期,李牧就已经成长为一名独当一面的优秀将领。匈奴仿佛和李牧相生相克,伴随着李牧的成长,匈奴也逐步强盛,并且经常出兵侵袭赵国的北部边境,赵惠文王只好派遣李牧领军,凭借赵国修筑的长城和边塞,戍边抗敌,驻守代地雁门郡。

李牧戍边的第一件事情,就是稳定军心,激励士气。在这方面,李牧采用了比较朴素的方法,每天命人杀几头牛,以犒赏军中立下功勋的军士。与此同时,李牧还亲自教授军士骑射之术。

李牧知道,单单靠这些是远远不够的,因此,他和边境的军民约定,一旦匈奴入侵,则全部坚壁清野、示敌以弱,从而麻痹敌军,让敌军无法得到自己的物资,进而为赵军歼灭匈奴大军创造机会。

这种战略虽然起到了一定的效果,赵惠文王和军士却没有真正明白李牧的高超之处。赵国士兵私下议论,认为李牧胆小怯战,从而生出了愤愤不平之感。

赵孝成王即位之后,也不明白李牧为何一直坚守不出。于是,赵孝成王派遣使者前来,对李牧大加责备,让他要么马上出击匈奴,要么回到邯郸。

对于赵孝成王的责难，李牧没有半点申辩，依旧我行我素。他相信，赵孝成王定然会明白自己的苦衷。赵孝成王见李牧不为所动，便一纸诏令，将其调回邯郸，并且派遣了另外一员大将来替代李牧。

这位将领一到边关，便急于建功，每次匈奴大军一到，赵军便全线出击。可是匈奴军队的战斗力实在是太过强悍，三番五次下来，赵军损兵折将，边民不得安生。

直到这时候，赵孝成王才想起了李牧的好，立即派遣使臣前去请李牧，李牧却闭门不出。眼看边关战事日紧，赵孝成王被逼无奈，只能强令李牧火速前往边关救急。李牧也知道，事情到了这个时候，已经恰到火候了，于是要求赵孝成王必须答应自己，一切照旧，不得干预。

赵孝成王答应了李牧的请求，李牧也重新回到了雁门。他一切依照此前自己的政令行事，匈奴每次袭来都一无所获，同时还生出了轻敌之心，认为李牧此人胆小无能，不敢和匈奴征战。

见时机成熟，李牧决定给匈奴来一个诱敌深入。这一天很快来临了。在李牧的指示下，大批百姓去野外放牛牧羊，匈奴见此情形派遣了一小股士兵前来一探虚实。李牧闻讯，也率领了一小股赵军出击。匈奴兵与赵军一交战，方才发现，这李牧不仅胆小如鼠，还一点都不会打仗。仅一次冲锋，赵军便大败而逃，连山坡上放牧的数千百姓也弃之不顾，任由匈奴俘虏。

匈奴单于见此情形，遂率领大军大举入侵，准备一扫多年来一无所获的晦气。李牧早就知晓了匈奴大军的动向，并且在其必经之

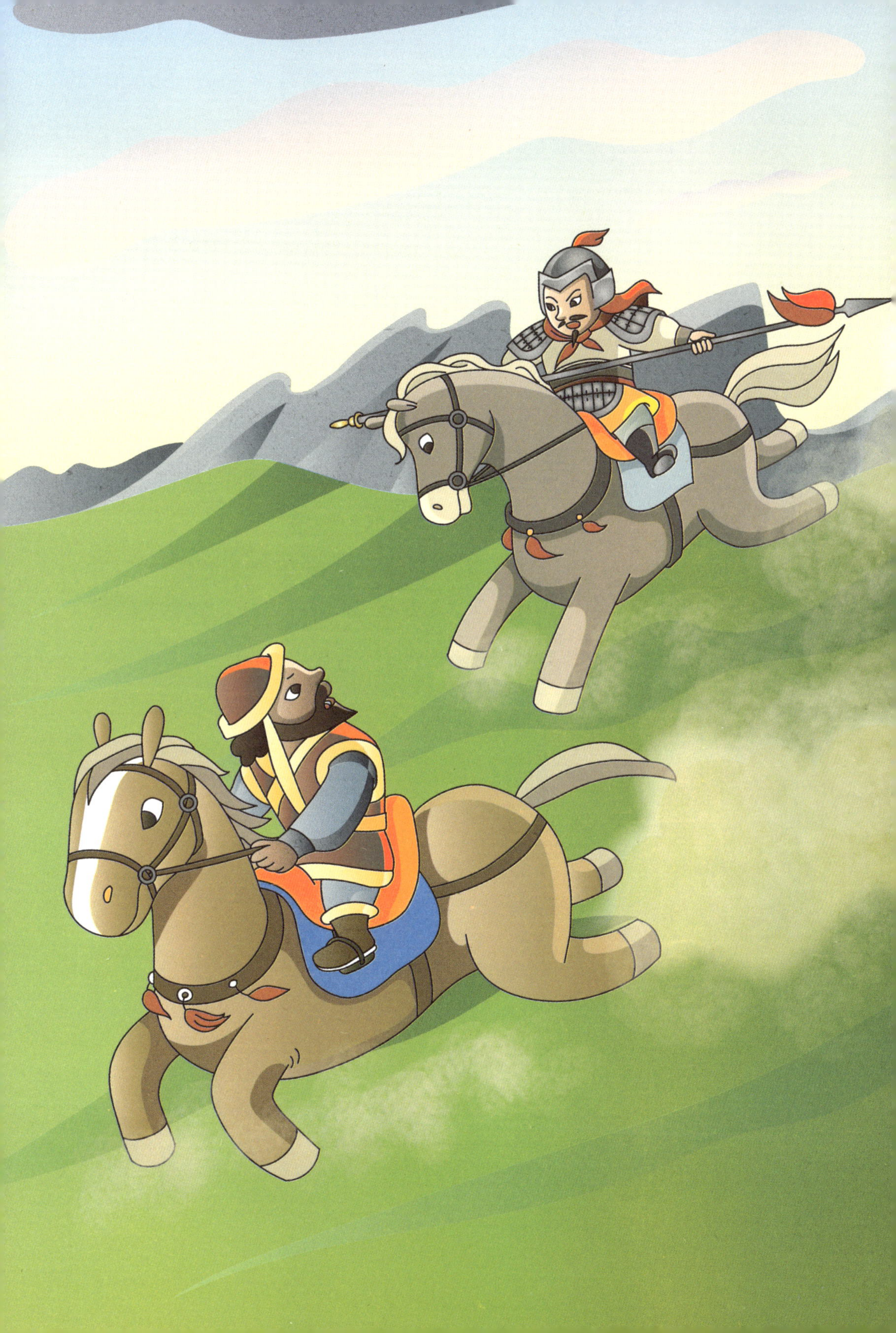

地布下了奇兵，先不急于出击，等到匈奴大军一到，李牧当即下令进攻，匈奴大败而逃。

　　李牧乘胜追击，灭掉了赵国北部边境上的匈奴附属国，赵国北方边境得以长期和平，此后十多年，匈奴不敢和赵国言兵。李牧就此声名大噪，成了赵国继赵奢、廉颇之后，最为杰出的将领。

知识库

　　雁门郡：战国时期，赵武灵王为抗击北方游牧民族而设置的三郡（另外两郡分别为云中郡和代郡）之一，位于今山西右玉县，也是战国时期赵国大将李牧抗击匈奴的第一线。

一代名将客死他乡

赵孝成王死后,其子赵悼襄王即位。郭开是赵悼襄王的亲信,此人并没有什么才能,只是擅长溜须拍马,是个十足的小人。廉颇的性子是直来直往,疾恶如仇。二人同朝为官,结仇生怨也就成了在所难免的事情。有一次赵悼襄王召开宴会,廉颇当着众人的面,指责郭开,由此埋下了祸根。

不久，赵悼襄王便听从郭开的建议，解除了廉颇的军权，革除了他的一切官职，以乐乘代替廉颇。同时还派遣使者，要求廉颇回到邯郸待命。廉颇知道，自己只要一回去，就很有可能招致杀身之祸。义愤之下，廉颇遂率领大军攻击乐乘，赵军人人敬仰廉颇，见主将受辱自然不甘心，于是便产生了同仇敌忾之心。不久，乐乘便支撑不下去了，只能逃回邯郸。

此时此刻，摆在廉颇面前的有两条路：要么起兵闹事，另立新主；要么弃暗投明，远走高飞。廉颇最终选择了"奔魏大梁"。

魏王素闻廉颇的贤能，同时也知道，廉颇不可能为魏国全力卖命，所以并没有重用他。廉颇对这一切也并不在乎。他所看重的，是有朝一日，赵悼襄王能够真正醒悟过来。眼下赵国国势日衰，秦国也屡次围攻赵国，相信不久之后，赵国求援的人就会到来。

不出廉颇所料，赵国派人来了，那个人是内侍唐玖。唐玖带着一副名贵的盔甲和四匹快马，日夜兼程来到大梁，以慰问廉颇，实际上是看看廉颇还能否担当大任。廉颇为了显示自己老当益壮，一顿饭吃了一斗米和十斤肉。饭后，廉颇直接披挂上马，挥刀自如，不减当年。廉颇这样做是要唐玖给赵悼襄王传达一个信息：自己能吃能喝，身体强健，沙场之上依旧所向无敌，希望大王能够重新任用自己。

唐玖来魏国之前，郭开唯恐廉颇再得势，贿赂唐玖，让他说廉颇的坏话。于是返回赵国后，唐玖向赵悼襄王如实说了廉颇能一顿吃一斗米、十斤肉的情况，然后加了一句，吃饭的时候，不多时间

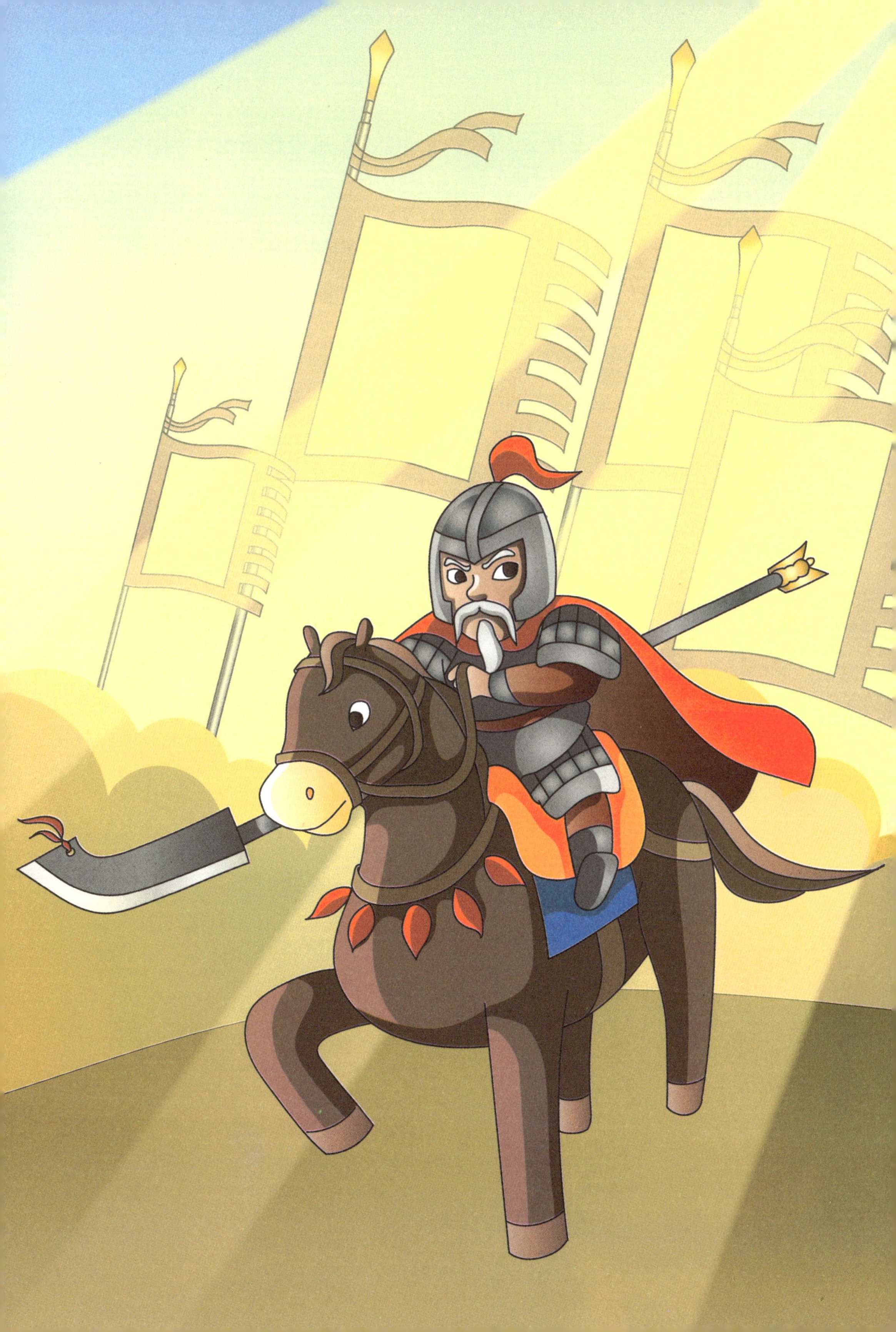

便上了三次茅房。赵悼襄王认为廉颇老了，就没任用他，廉颇也就没再得到为国报效的机会。

楚国听说廉颇在魏国，就暗中派人迎接他入楚，封其为大将，以图通过廉颇，重振楚国的军事力量，但初来乍到，楚军不服，最终也没建立什么功劳。最后，廉颇死在楚国的寿春。

知识库

郭开：晋阳（今山西太原）人。战国时期赵国奸臣，历仕赵悼襄王、赵幽缪王两代赵君。他的一张坏嘴不仅害了廉颇，也害了继廉颇之后的又一个大将李牧。赵国灭亡后，他返回邯郸搬运家财，为沿途盗贼所杀。

信陵君救赵国于危难

长平之战，秦军大胜，赵军惨败。秦国乘胜包围赵国都城邯郸，企图一举灭赵。赵王于是命平原君赵胜想办法到其他国家求援。

魏国是赵国的近邻，又是姻亲之国，所以平原君第一个想到了魏国。对于魏国来说，唇亡齿寒、户破堂危，救援赵国就等于是救助自己。但是，经历连番的大败，对于秦国的虎狼之师，魏国君主已经生出了巨大的畏惧之心，所以不肯发兵救赵。

信陵君向魏王陈述利害关系，魏王最终决定让将军晋鄙领兵十万救赵。然而，晋鄙大军却在邺城留了下来，扎筑起了营垒，名义上是救赵国，实际上则是持左右观望的态度，在邺隔岸观火，以待时变。

信陵君听闻这个消息，心中震惊不已。原来，在此之前，秦王就派遣了使者，向魏王威胁道："秦军旦夕之间就能够攻克邯郸，灭亡赵国，任何一个国家如果胆敢救援赵国，秦军邯郸战事一结束，必定首先去攻打它。"同时，秦国还许魏国以重利，试图暂时稳住魏国，魏王果然上当。

而另一边，平原君则急切得如同热锅上的蚂蚁，他派往魏国求

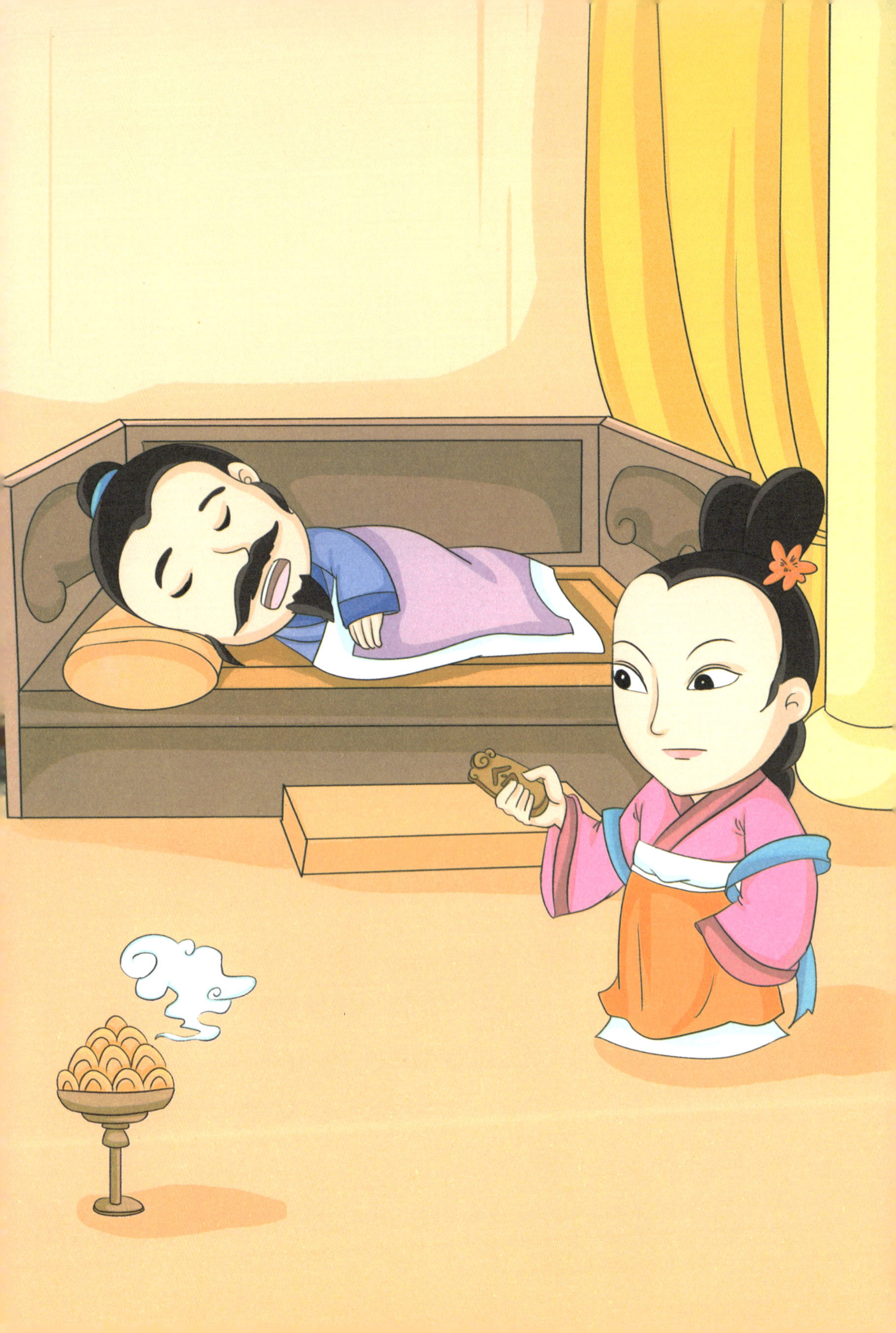

救的使者接连不断，却一直没有结果，便责怪信陵君。信陵君为了不失信义，遂率领门下食客，带领一百辆车马前去援救赵国。

这一行战车路过夷门时遇见了侯嬴，侯嬴见状甚感奇怪，遂问询信陵君，这是在做什么。信陵君正感到一腔怨愤无人能懂得，见侯嬴前来，就坦言相告。侯嬴便向信陵君献计窃得兵符，又推荐了好友朱亥，到时候如果晋鄙心生怀疑，转而向大王请示，朱亥必能将其诛杀，如此，可策万全。

侯嬴说道："我本来应该随同公子前去的，只可惜人老体衰，已经走不动了，我将留守此地，拖延魏王的查访者，并在心中默念公子到达晋鄙大军驻地的日子，到时候我一定会面朝北方，自刎以为公子送行。"信陵君见侯嬴死志已决，只能挥泪辞别。

信陵君一行来到邺城，见到了晋鄙，将自己手中的半块兵符拿了出来，与晋鄙手中的另外一半合在一起，没有丝毫误差。不过晋鄙心中还是很奇怪，魏王在自己带兵之初就特别下令，让自己好生带领魏军，切不可擅自去救援邯郸。如今魏王只字未提，连诏令也没有发出，只有信陵君带着半块兵符到此，莫非大王不察，让信陵君盗取了兵符？

想到这里，晋鄙望了望信陵君身边的那个大汉，即朱亥，稍感诧异，便问道："承蒙大王器重，晋鄙率领魏国十万精锐，在此边境之上，静待时局的变动，继而随机应变，此乃国家兴亡的重任。今日见公子前来替我，恐怕于理不合，这是为什么呢？如果公子说不出理由，叫我哪里敢擅自给公子兵权呢？"

信陵君一听，一时之间也不知道该如何应对。危急时刻，朱亥怒目圆睁，从袖子中抽出了重达四十斤的铁椎，抡了一圈之后，向晋鄙砸去。晋鄙猝不及防之下，被朱亥砸死。

信陵君有惊无险地做了邺城十万魏军的统领，他选取了八万士气高昂、心存必死之心的精锐战士。这八万魏军和赵军里外夹攻，把秦军打得落花流水，邯郸之围就此解除。

知识库

长平之战：秦军与赵军在长平（今山西高平西北）一带发生的战略决战。长平之战以赵军最终战败而告终，赵国经此一战元气大伤，加速了秦国统一中国的进程。此战是中国古代军事史上最早、规模最大、最彻底的大型歼灭战。

要战胜秦军难比登天

春申君灭掉鲁国后,楚国实力大增。眼看秦国坐大,楚国自然不会坐以待毙。于是,再一次的合纵产生了。这一次合纵,参与的国家主要包括楚国、赵国、魏国、韩国和卫国。值得一提的是,一向和秦国亲厚的齐国,似乎还没有意识到危机的加深,依然选择不参与合纵联盟。

这一次似乎很顺利,五国联军借道魏国和韩国,很快就兵临函谷关。只可惜,五国联军虽然声势浩荡,但其实已经失去了为一个目标奋斗的向心力。尽管春申君一片雄心,却没有能够凝聚联军的力量。列国每一次到达函谷关外,都很难攻克进去,否则秦国早就灭亡数次了。一来各个国家都想着别人出力,自己占便宜,所以最终让秦军占了便宜;二来函谷关是一个一夫当关万夫莫开的关口,易守难攻。秦军也明白,一旦诸侯联军攻克了函谷关,此去便是一马平川,敌军便会长驱直入,直接打到咸阳城门下。所以秦军无论付出多么惨重的代价,也必定会拼命抵抗。

多年以来,东方六国很少能攻克函谷关。当初秦孝公从魏国手中夺取了河西之地,何尝不是对于函谷关的重视。这次合纵,五国

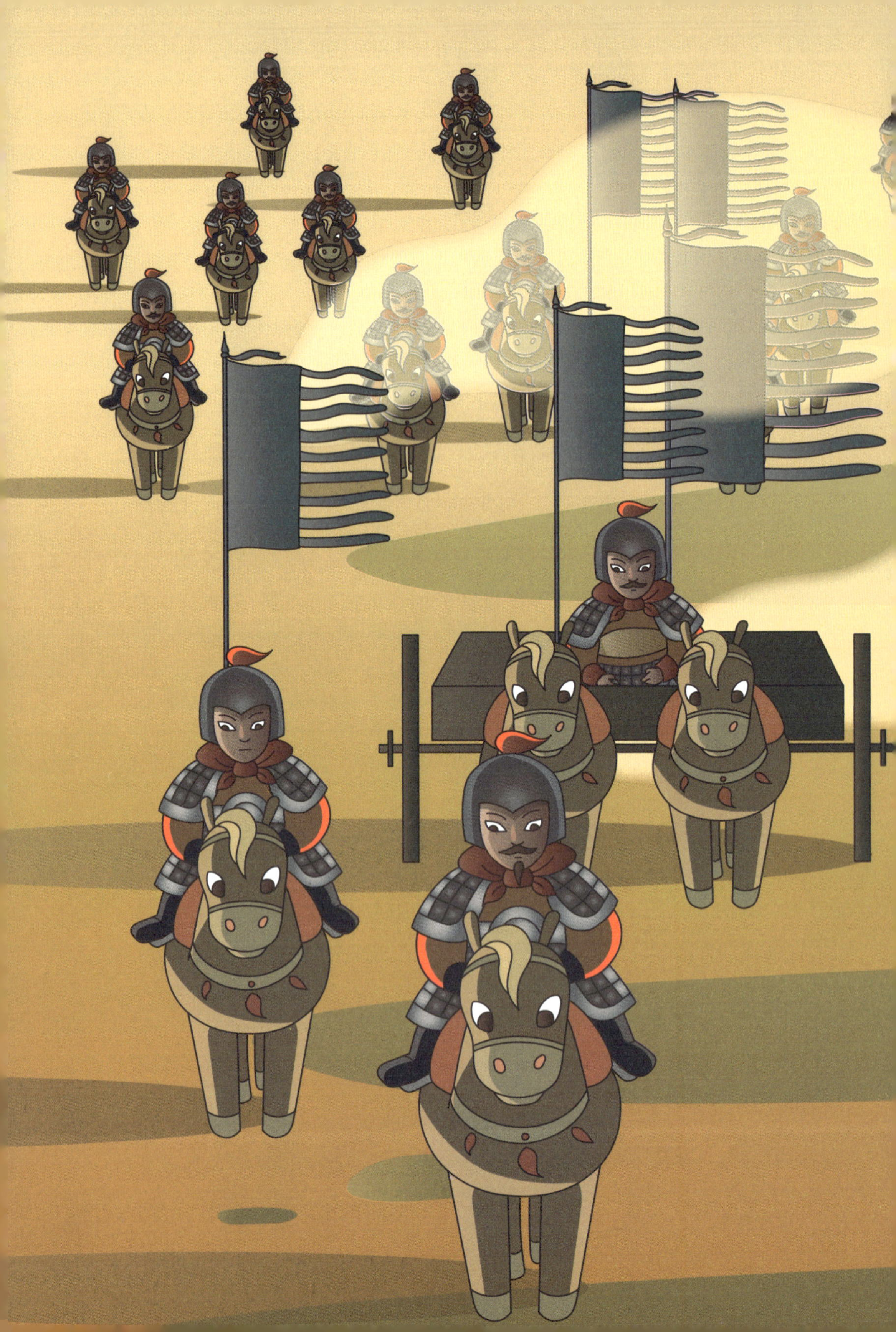

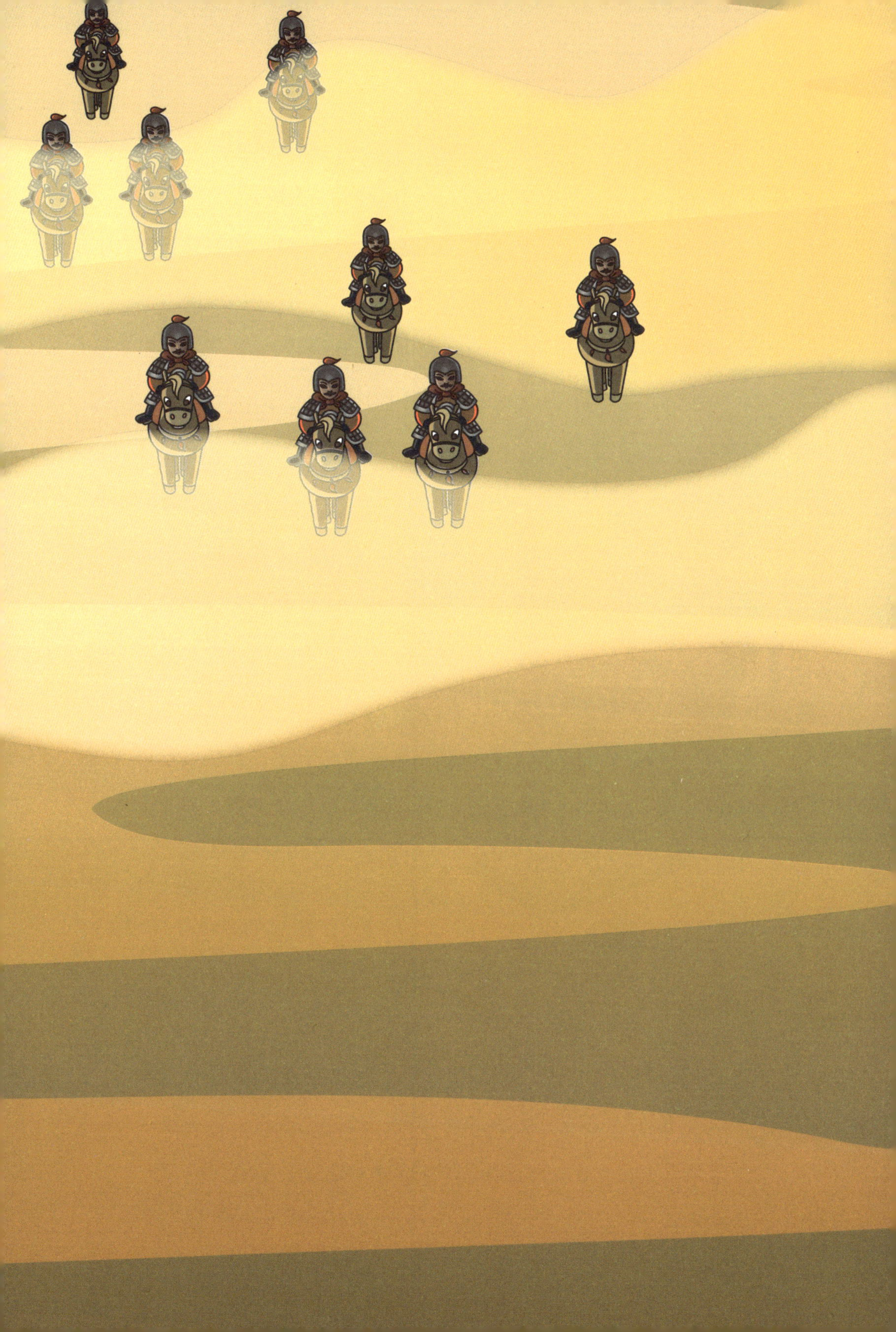

联军简直是不堪一击。秦军刚刚打开关口，略微试探，五国联军便作鸟兽散。所谓"兵败如山倒"，这山倒得也太快了。

吕不韦对这次合纵抗秦的事情，做了比较精辟的概括：联合起一股乌合之众，这岂是气势如虹、战力强劲的秦国大军的对手。

此次合纵如同一场闹剧，不了了之。可是楚考烈王并不打算就这样放过别人，这个别人不是秦国，因为他有心无力。他想要责难的，是楚国的顶梁柱春申君。

楚考烈王认为，这一次合纵之所以战败，就是因为春申君指挥不当。他哪里知道，即使是天纵奇才，在面对秦国的精兵强将时，也要三思而后行。更何况，还有各国君主的怀疑、大臣的猜忌，要战胜秦军实在是难比登天。即使一时战胜，在强大而先进的社会制度面前，一切军事强权都会土崩瓦解。

百足之虫死而不僵，春申君在这一次合纵中，虽然没能够大展神威，但是其在国内的影响力仍然不可小觑。楚考烈王也不能擅自治他的罪，只是怪罪他的无能，就此冷落了春申君。

知识库

秦函谷关：位于今河南灵宝北15公里处的王垛村，距三门峡市约75公里，紧靠黄河岸边，始建于西周，易守难攻，在军事上具有重要的地位，是我国最早建成的关塞之一。

楚国人李斯的选择

李斯原本是楚国上蔡人，年轻时是楚国的一员小吏，专门负责掌管文书，每天过着重复无聊的日子。在这样的大争之世，做一个籍籍无名的人，并不是李斯想要的。

为了实现厚积的志向，李斯来到了荀卿这里，向他学习"帝王之术"。不久之后，韩非也意气风发地来到了荀卿的面前，荀卿正愁自己后继无人，于是全心全意地教授他们，加之这两人都天资聪颖，很快便成了荀卿的得意门生。

荀卿一改过去孔孟之道空谈政治理想的弊端，从当时的政治局势出发，打破常规，对传统的儒学进行了改造，使之更加适合社会的发展和新兴统治集团的需要，并且广泛地吸收了法家的治国主张，主要是如何治理国家、平定天下的"帝王之术"。

正好，李斯和韩非满怀着出人头地、飞黄腾达的理想，到此学习治国之道。只是，荀卿还没有将自己的学问全部传授给自己的这两个得意门生，这两个人便想要离开自己去谋取前程了。

韩非倒是很容易确定自己投效的国家，那就是韩国。李斯经过艰难选择，最终确定了自己前去投效的方向——秦国。因为他深刻地认识到，当今天下虽然尚存有七个雄霸，但是最终能够一统天下的只有秦国。

昔日荀卿也曾到过秦国，只可惜秦国并没有接受他的政治主张。他很奇怪李斯为何会选择去秦国。李斯回答道："先生说过：'青，取之于蓝而青于蓝；冰，水为之而寒于水。'先生当年到达秦国，秦王之所以没有接受先生的政治主张，无外乎先生的主张并不适合当时的秦国。如今世易时移，而且学生对先生的学术进行了改进和创新，相信到了秦国，必然能够大展拳脚。师弟韩非曾经说过，纵观天下，四海之内唯独秦国能够成就千古帝王的不拔之基业，虽然七国争雄，其余六国却弱了不止一筹。今日学生既然学有所成，就必定要抓住机会，于天下间纵横捭阖。"

说到这里，李斯略微感慨，继续言道："昔日学生看到两只老鼠，一只蜗居在茅厕之中，吃着肮脏恶臭的人粪，还时刻胆战心惊，害怕被人或者别的动物发觉；另一只则居住在粮仓之中，每日锦衣玉食，无人打扰，过着安逸的生活。这种对比和落差，让学生想到了自己眼下的处境和那些成就功名大业的人之间的差距，人生最耻辱的事情莫过于卑贱，最大的悲哀莫过于穷困，学生自然不会甘心一直籍籍无名、碌碌无为，因为学生担心，如果一直卑贱和穷困下去，就必定会遭受别人的冷嘲热讽。处在这种大争之世，我辈既然有满腹的才华，就必须要一展所长，继而名利双收，这才是读书人应该做的事情，因此，学生要去秦国，以实现自己追名逐利的理想，望先生成全。"

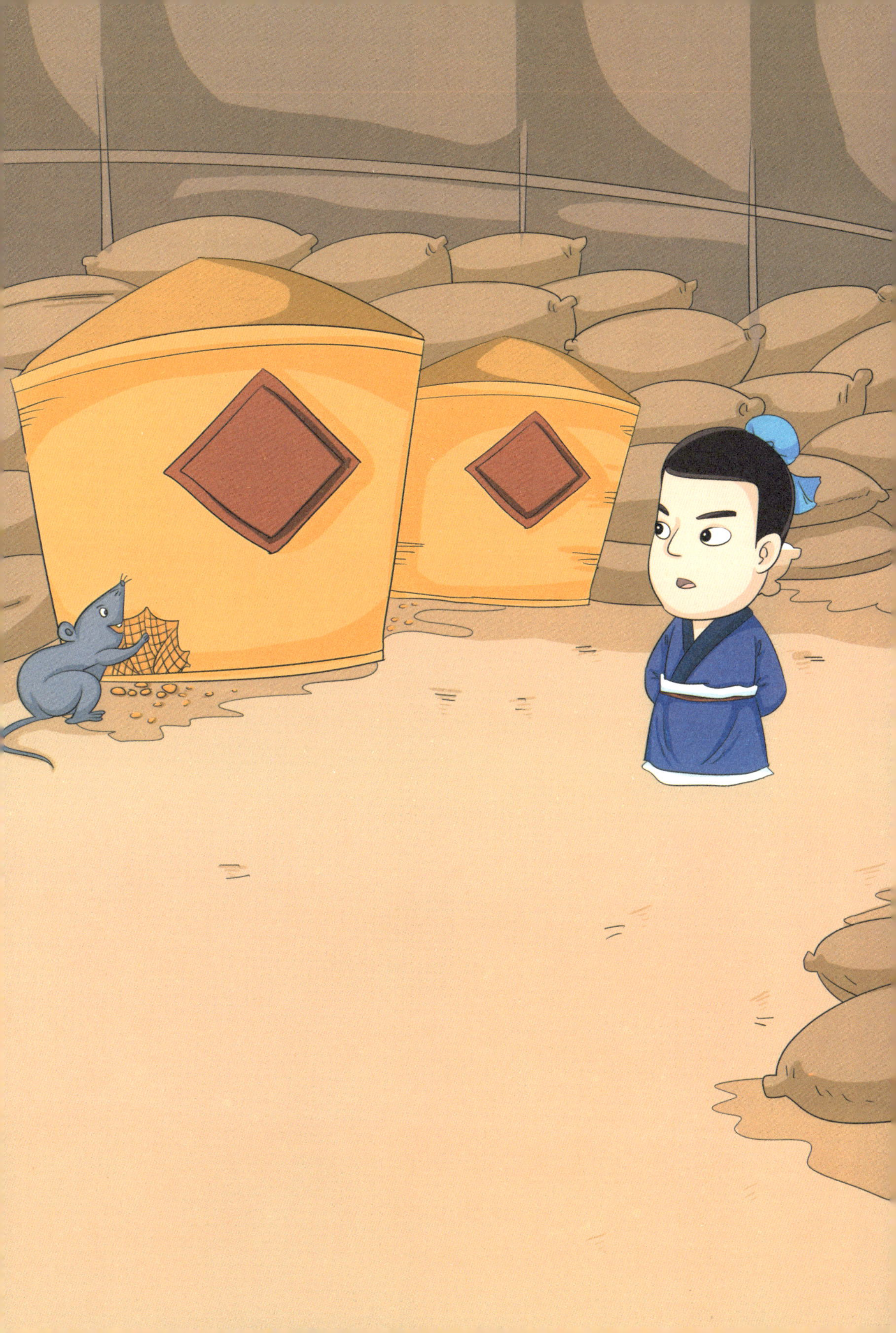

荀卿闻言，没有说什么，只是明显地露出很复杂的表情。而此刻的李斯，眼里只有功名利禄、辉煌前程。怀揣着对未来的美好向往，李斯兴奋地踏上了去秦国的征程。

知识库

荀卿：名况，字卿，战国末期赵国人。著名思想家、文学家、政治家，世人尊称"荀卿"。曾三次出任齐国稷下学宫的祭酒。荀子是第一个使用赋的名称和用问答体写赋的人，同屈原一起被称为"辞赋之祖"。

留名后世的刺客

在秦国做人质的燕太子丹从咸阳逃回了燕国。田光向太子丹推荐了荆轲，说这个人可以帮助太子尽快达成心愿。于是，太子丹便考虑用荆轲出使秦国，只要许以重利，嬴政必定贪恋，到时候燕国就能够劫持嬴政，天下诸侯的土地也可以被归还。经太子丹这么一说，荆轲的血液开始沸腾，只是他担心自己没有任何信物，很难接近秦王嬴政。

如今燕国能够为秦王嬴政动心的东西只有三件。一件是秦国叛将樊於期的头颅，一件是燕国太子丹的首级，还有一件是燕国的土地。太子丹的头颅自然不能给秦王嬴政。只要集齐了另两件东西，荆轲便可以接近秦王嬴政。只是太子丹不忍用樊於期的头颅做信物，于是荆轲私下里去找樊於期。

樊於期听完荆轲所说的一切，随即自刎身亡。事已至此，太子丹只得命人收好了樊於期的头颅，用匣子封存起来，交给了荆轲，同时还将一柄锋利的匕首交给了他。

出发前，太子丹还给荆轲找来了秦武阳。荆轲带着樊於期的头颅和燕国督亢的地图来到秦国，见到了秦王嬴政。秦王嬴政穿着朝

服端坐在大殿之上，眼睛望着荆轲手中的那个匣子。荆轲拿着装有樊於期头颅的匣子走到秦王嬴政面前，而拿着装有督亢地图的匣子的秦武阳却面色发白、浑身发抖，一看就是被吓坏了。

荆轲急忙对嬴政说道："他是北方荒野之地的粗人，哪里见过这么大的阵仗，今日得见大王，心中崇敬、忐忑，遂而恐惧天子的威仪，万望大王不要怪罪于他，让他能在大王面前，从容地完成使命。"嬴政于是让人把秦武阳手中的地图拿过来。

荆轲依言取来了地图，将地图慢慢地展开，进而图穷匕见。说时迟那时快，荆轲左手拉住嬴政的衣袖，右手挥着匕首狠狠地刺了下去。嬴政挣脱了荆轲，伸手去拔剑。因为那把剑太长，一直拔不出来。荆轲却没有抓住机会，只是追着嬴政，绕着柱子跑。

此时此刻，秦国朝堂之上呈现出了有史以来最大的混乱。因为秦国早有法律，为了避免在朝堂之上出现不轨的行为，大臣们都不能够带兵器入殿。而那些侍卫虽然带了武器，却因为没有嬴政的命令而只能在殿外候着。正在嬴政被荆轲追杀，群臣乱作一团之时，一个名叫夏无且的侍医把身上带着的药囊向荆轲扔去。这个药囊极大地影响了荆轲，使嬴政有了喘息之机。

群臣趁机大喊让嬴政把剑背在背上，再拔出来。这一次，嬴政拔出了剑，随意砍落，荆轲的左腿便被斩下。重伤的荆轲只能躺在地上，将手中的匕首"嗖"的一下射了出去，可是依然没有伤到嬴政的一根汗毛。

嬴政挥剑不停地砍，荆轲浑身上下满是伤痕。这时候的荆轲靠

着柱子，叉开双腿，哈哈大笑道："因为想要活捉你，让你能够归还诸侯的土地，所以才导致了事情的失败。"

刺秦重任就这样彻底失败了。

知识库

秦武阳：燕国大将秦开的孙子。十三岁时就犯下杀人案，后被燕太子丹找到，随荆轲赴咸阳刺秦王，后来事情失败，荆轲被杀，司马迁在《史记》中，并没有交代秦武阳的下场。